eビジネス新書

No.393

週刊東洋経済

物流 頂上決戦

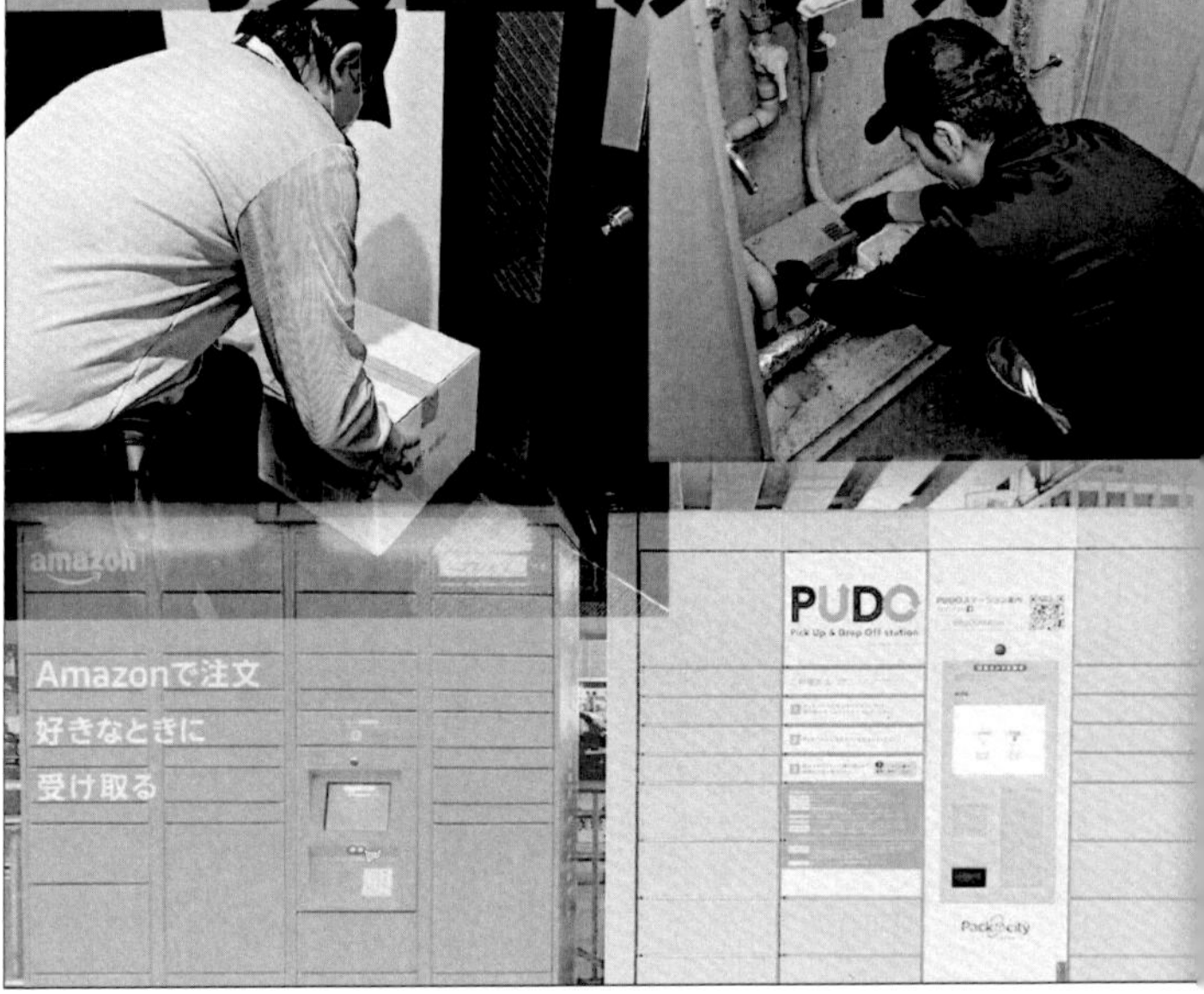

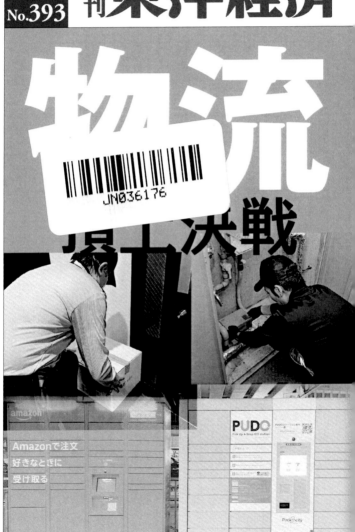

週刊東洋経済 eビジネス新書　No.393

物流　頂上決戦

本書は、東洋経済新報社刊『週刊東洋経済』2021年8月28日号より抜粋、加筆修正のうえ制作しています。情報は底本編集当時のものです。（標準読了時間　90分）

物流　頂上決戦　目次

〔プロローグ〕 物流や小売業界の命運

アマゾン日本法人トップ退任の波紋

2021年7月、日本の物流業界の行方を左右しかねない重要な人事が行われていた。アマゾンジャパンで長年物流部門を率いてきたジェフ・ハヤシダ氏が、同月いっぱいで退任したのだ。

ハヤシダ氏は2005年にアマゾンジャパンの物流部門ディレクターとして入社。11年に社長に就任し、翌年から物流部門を直接統括してきた業界有数の実力者だ。関係者によると、物流部門のナンバー2としてハヤシダ氏を支えてきた鹿妻(かづま)明弘氏もすでに退任しているという。くしくも、1994年の創業以来米アマゾンを率いてきたジェフ・ベゾス氏も同時期にCEOを退任しており、日本法人の幹部が相次ぎ退任する理由についてさまざまな臆測を呼んでいる。

アマゾンジャパンは、「後任を含め現時点でお答えできることはない」と述べるにとどまり、事の真相は明らかではないが、物流業界に与えるインパクトが甚大なことは確かだ。というのもハヤシダ氏の退任によって、アマゾンジャパンの物流をめぐる方針ががらりと変わる可能性が大きいからだ。

世界展開するアマゾンにとって、日本は年間で推定5億個以上の荷物を取り扱う4番目に大きい市場。2020年度の売上高は約2・2兆円まで拡大している。それだけに、アマゾンとの付き合い方一つで、物流会社は命運を左右されると言っても過言ではない。

「ヤマト外し」が加速

中でも宅配最大手のヤマト運輸は、最も大きな影響を受けそうだ。アマゾンは2013年から、佐川急便に代えて荷物の大部分をヤマトに配送を委託していた。だがヤマトは17年に人手不足とコスト増大を理由に、荷受け量の抑制と運賃の値上げを表明。荷物1個当たり平均で280円から420円へと5割値上げしたといわれており、これをきっかけにアマゾンは「脱ヤマト」に舵を切った。

その結果、ヤマトに対する委託比率は、一時の7割程度から足元で2割程度にまで減少。代わりにアマゾンは、コストの安い「デリバリープロバイダ」と呼ばれる地域限定の中小配送業者への委託を増やした。

下がるヤマトへの依存度
―アマゾンジャパンの委託する宅配会社―

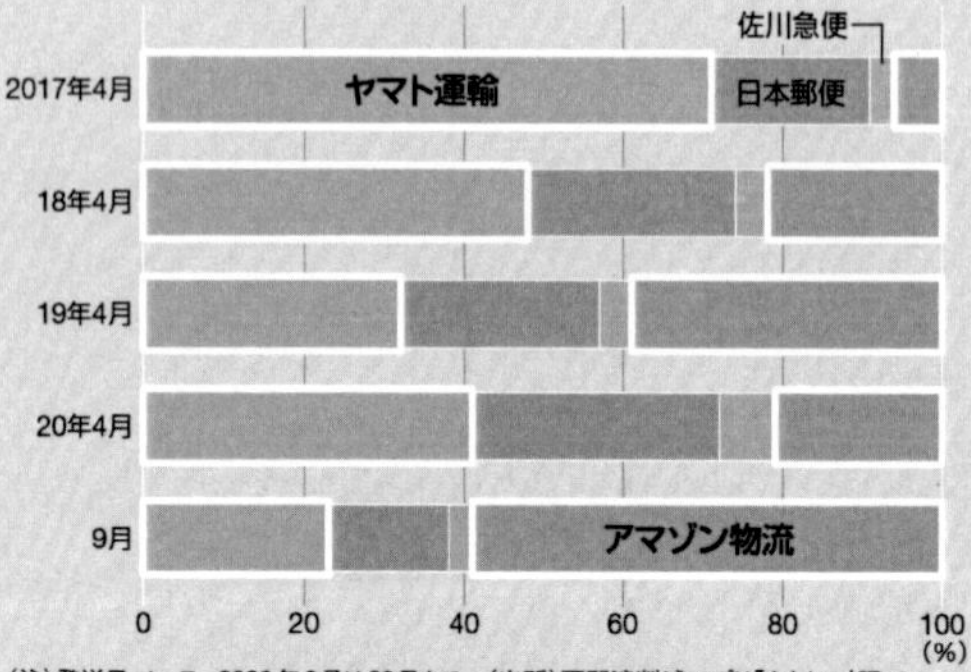

(注)発送日ベース。2020年9月は20日まで　(出所)再配達削減アプリ「ウケトル」調べ

駆け引きは最終局面に
―ヤマトとアマゾンの施策―

2017年 4月	未払い残業代問題の発覚を受け、荷受け量抑制と運賃値上げを表明
18年 1月	アマゾン向けの荷物1個当たり料金を平均280円から420円に値上げ
19年 1月	個人事業主に直接配送業務を委託する「アマゾンフレックス」を本格的に開始
秋	アマゾン向け料金の一部値下げを打診
20年 3月	玄関への「置き配」を30都道府県で標準に
6月	EC事業者向けサービス「EAZY(イージー)」を開始
8月	新たに4カ所の物流拠点を開設することを発表、計21拠点に

(注)▬ はヤマト、▬ はアマゾンの施策
(出所)公表資料や取材を基に本誌作成

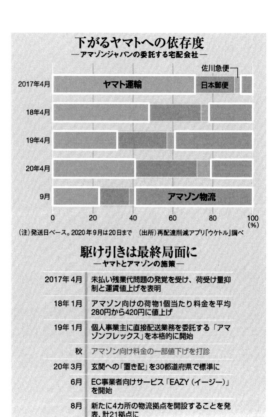

ただ、ハヤシダ氏自身がヤマト憎しだったかといえば、そうではない。19年末、ハヤシダ氏は東洋経済のインタビューに対し、「ヤマトとケンカするためにやっているんじゃない」と語っている。

物流会社の幹部も「ハヤシダ氏は日本の商慣行をよく理解しており、むちゃな要求はしなかった」と明かす。つまりハヤシダ氏は、ヤマトによる大幅値上げに怒り心頭だった米国本社に同調するように振る舞いながらも、米国本社との間に立って「防波堤」の役割を果たしつつヤマトと共存共栄を図る道を模索していたフシがある。

そんな防波堤を失った今、米国本社が本気になって「ヤマト外し」を進めるのではないかとの見方がもっぱらだ。中堅物流会社の幹部は「米国本社はいまだにヤマトを許しておらず、本気で改革に着手するのではないか」とみる。

具体的には、2019年1月から正式にスタートした「アマゾンフレックス」の拡大だ。個人事業主のドライバーにアマゾンが直接委託する完全な自前物流であり、これによって物流各社は大きな収益源を失うことになりかねない。

新たなパートナーを模索

コロナ禍の巣ごもり需要が追い風となり、ヤマト運輸の親会社ヤマトホールディングスの業績は好調だ。21年3月期の荷物量は前期比約16％増の20・9億個となり、売上高、利益ともに過去最高を記録している。

だが、コロナ特需前のヤマトはアマゾンの荷物を失いつつある焦りで、19年秋に一度値上げしたアマゾン向け荷物の値下げを一部地域で実施。瞬間的にアマゾンでのシェアを取り戻している。「アマゾンの物流自前化を受けて、現場ではとにかく荷物を奪い返せという号令が飛んでいた」（デリバリープロバイダ幹部）。

荷物1個当たり420円という当初の値上げ価格も、今は形骸化しているという（ヤマトは「個別の契約は非公表」と回答）。

さらにヤマトは21年4月から、Zホールディングス傘下のヤフーが展開する「ヤフーショッピング」や「PayPayモール」の出店者向け配送サービスをリニューアルし、全国一律の破格料金を打ち出すなど荷物の確保に必死だ。

ヤマトに次いでアマゾンからの委託量が多い日本郵便も、楽天グループとタッグを組み、7月1日に物流事業の合弁会社を設立した。両社ともにアマゾンを理由にしてはいないものの、業界では「アマゾンの方針転換を警戒した物流会社の新たなパートナー探しが始まった」とみられている。

日本市場で怒濤の成長を遂げるアマゾン。今回の幹部の体制刷新は、日本における物流・小売りの勢力図を一変させるきっかけになるかもしれない。

（二階堂遼馬）

ECの荷物が急増　需要爆発で変わる勢力図

宅配便の物量増加が止まらない。新型コロナウイルスの蔓延による消費の巣ごもり化を受け、ネット通販（EC）の売り上げが急拡大。2020年度の合計取扱個数は前年度比11・5％増の47・85億個となり、近年は高くても1桁半ばだった伸び率は大幅に跳ね上がった。

ヤマト運輸、佐川急便、日本郵便の大手宅配3社はその恩恵を受けており、とりわけヤマトの取扱個数は20年度に業界平均を上回る前期比16・5％増まで伸びた。シェアも盤石で、20年度は3社で95％弱を占める（国土交通省調べ）。

2017年にはドライバーの労働環境改善を名目に、宅配会社が荷受け量の抑制と配送料の値上げを顧客に要請した「宅配クライシス」が発生。十分な利幅が取れる環境が整った中で、荷物の数が爆発的に増えている今の状況は、物流業界にとって「わが世の春」といえる。コロナ禍以降の宅配会社は、うれしい悲鳴を上げているというのが一般的な見方である。

一方で、気になる数字もある。大手宅配3社の配送単価が、19年末ごろからマイナスか横ばいなのだ。EC需要が増えると荷物の小口化が進み、自然と単価は下がらざるをえない。宅配会社側も単価下落の理由については、ヤマトの「ネコポス」や日本郵便の「ゆうパケット」など、投函型の小口商品の比率が拡大している点を挙げている。

実のところ、これを額面どおりに受け取る物流関係者は少ない。なぜなら先述の国交省による統計には、宅配の「新興勢」に関するデータが含まれていないからだ。

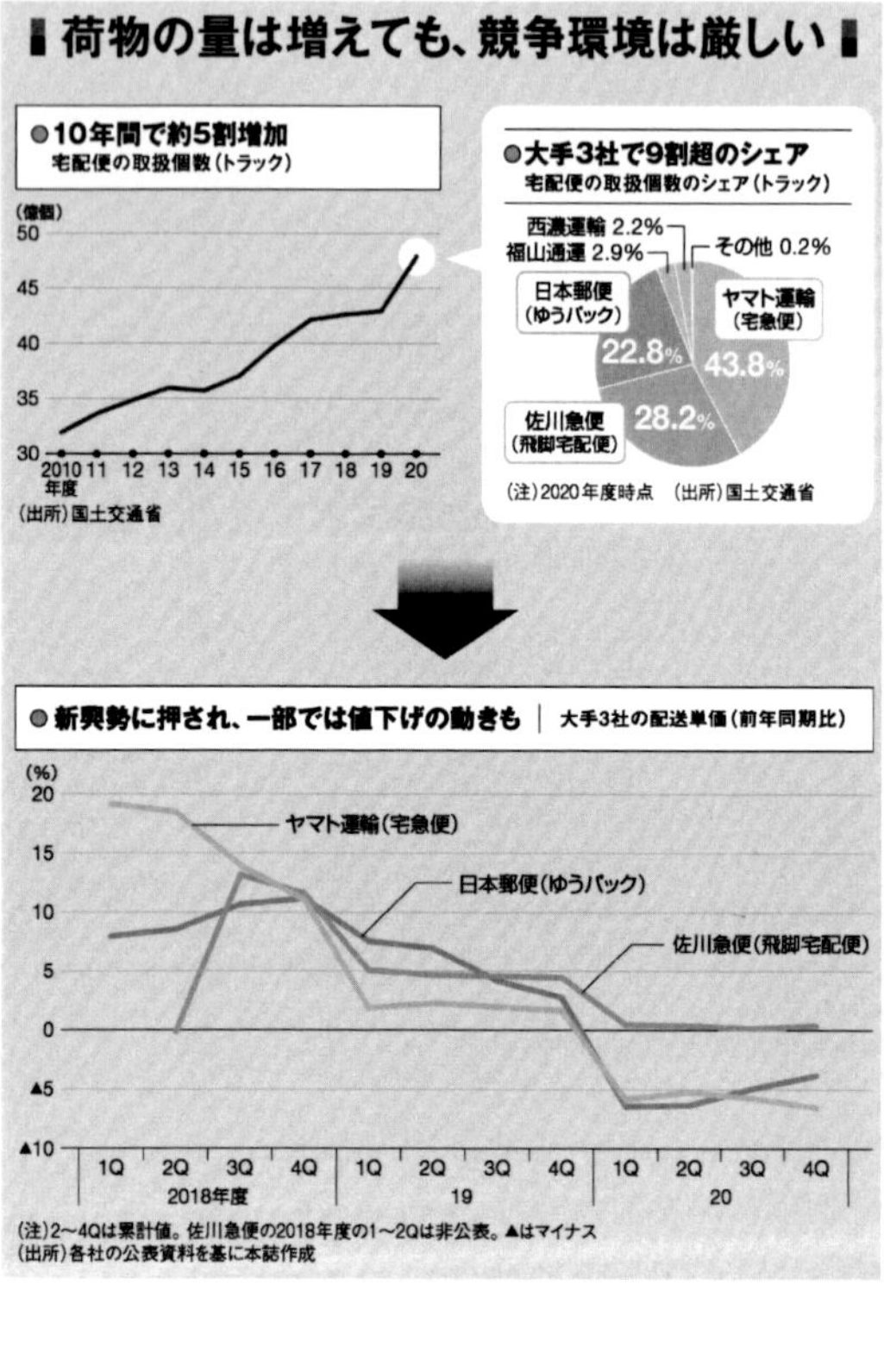
荷物の量は増えても、競争環境は厳しい
10年間で約5割増加
宅配便の取扱個数（トラック）
(億個)
2010年度 11 12 13 14 15 16 17 18 19 20
(出所)国土交通省
大手3社で9割超のシェア
宅配便の取扱個数のシェア（トラック）
西濃運輸 2.2%
福山通運 2.9%
その他 0.2%
日本郵便（ゆうパック） 22.8%
ヤマト運輸（宅急便） 43.8%
佐川急便（飛脚宅配便） 28.2%
(注)2020年度時点 (出所)国土交通省
新興勢に押され、一部では値下げの動きも
大手3社の配送単価（前年同期比）
(%)
ヤマト運輸（宅急便）
日本郵便（ゆうパック）
佐川急便（飛脚宅配便）
1Q 2Q 3Q 4Q 1Q 2Q 3Q 4Q 1Q 2Q 3Q 4Q
2018年度 19 20
(注)2〜4Qは累計値。佐川急便の2018年度の1〜2Qは非公表。▲はマイナス
(出所)各社の公表資料を基に本誌作成

カウントされない新興勢

新興勢とは主に、アマゾンが地域ごとに委託する配送業者「デリバリープロバイダ」や、個人と直接業務委託契約を結ぶ「アマゾンフレックス」を指す。ほかにもリアルの小売事業者がアマゾンと同様の宅配ネットワークを組成する動きもあり、こうした自前物流の動きは、国交省調べによる取扱個数や宅配会社別のシェアにはほとんど含まれていない。

自前物流を請け負う新興勢の物量をカウントすれば、合計の取扱個数は「優に60億個を超える」（複数の物流関係者）とみられる。となれば、3社で9割を超える大手宅配3社のシェアも、見かけより低くなる。こうした新興勢台頭の動きが、大手宅配会社の配送単価が下落していることと、密接に関係しているのだ。

ヤマトが値下げに動いた——。プロローグでも触れたように、19年秋にヤマトは最大荷主であるアマゾン向けの配送単価値下げに踏み切った。アマゾンが従来の契約から委託コストの安いデリバリープロバイダに切り替えることに焦ったヤマト側が、

「それよりも安い価格でやらせてほしいとアマゾンに持ちかけた」（アマゾンの荷物を受託する物流企業幹部）とされている。

物流業界に詳しい青山ロジスティクス総合研究所の刈屋大輔代表取締役は、「北陸など一部地域では切り替えの直前になって、ヤマトがアマゾン向けの業務を取り返す動きがあった」と指摘する。

ヤマトが送った秋波

時を同じくして、ヤマトはヤフーの親会社Ｚホールディングス（ＺＨＤ）に業務提携の打診をしていた。２０２０年３月に両社のトップが会見を開き基本合意の締結を発表、同６月からヤフーのＥＣ出店者向けの物流代行サービスを開始した。その狙いについて、ヤマトは「倉庫での保管から受注、出荷までの作業をトータルで支援し、全体のコスト削減に貢献する」（阿部珠樹・常務執行役員〈ＥＣ事業本部長〉）と説明する。

２１年４月にはサイズ別の全国一律料金を設定し、同サービスの値下げに踏み切った。例えば60サイズの場合、個人向けに1個当たり930円で提供しているところ、ヤフーの出店者向けは382円で6割も安い。これは楽天グループが自社の店舗向けに提供する物流代行サービスと比べても2割安いという衝撃価格である。

国内EC市場の3番手に甘んじるヤフーは、巻き返しに向け物流機能の強化が欠かせない。一方でヤマトもアマゾンからの委託減少で困っており、互いの利害が一致した。とくにヤマトは好業績とは裏腹に「アマゾンの『ヤマト外し』に慌てている」というのが、事情を知る関係者の見方の一致するところだ。ヤマトホールディングスの長尾裕社長は、ZHDの川邊健太郎社長と定期的に交流を重ねてサービスのあり方を議論しており、その本気度がうかがえる。

日本郵便、佐川についてはは自ら値下げを持ちかけたという話は聞かないものの、ヤマトの価格攻勢を受けて、これまでのような利幅を享受できなくなる可能性は高い。ヤマトと同様、新たなパートナー探しという点では、日本郵便が7月に楽天と物流の合弁会社を設立。25年度に見込む取扱個数13・6億個のうち3億～5億個、実に22～36・7%が楽天から受託する荷物になると想定している。

日本郵政の増田寛也社長は「楽天からの配送受託業務は安定しており、(合弁会社の設立で)大きく荷物を拾っていきたい」と発言。楽天の三木谷浩史会長兼社長は「GAFAを中心とした世界的なITの力が非常に巨大になっている中、2つの力を合わせ新しい力をつくっていく」と、打倒・アマゾンを念頭に置き意気込む。

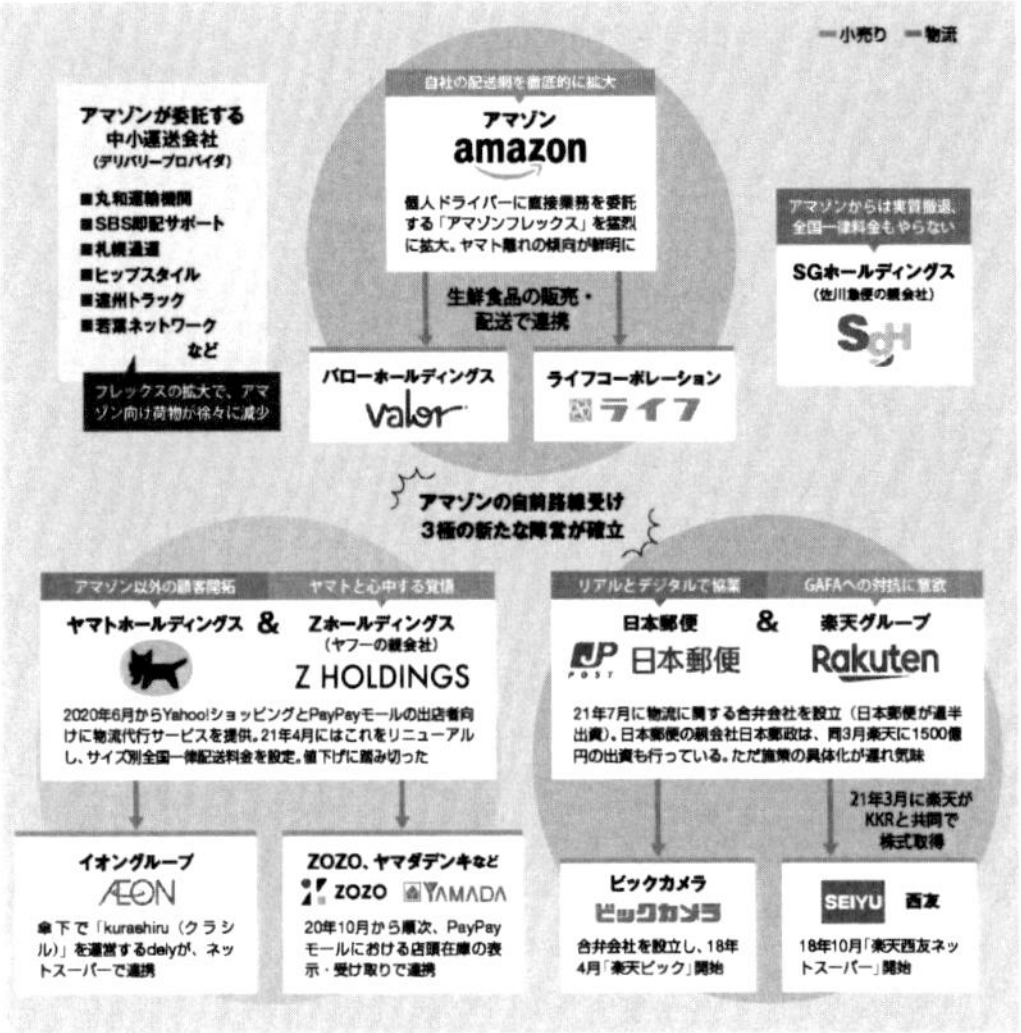

小売り
物流
自社の配送網を徹底的に拡大
アマゾン
amazon
個人ドライバーに直接業務を委託する「アマゾンフレックス」を猛烈に拡大。ヤマト離れの傾向が鮮明に
生鮮食品の販売・配送で連携
バローホールディングス
valor
ライフコーポレーション
ライフ
アマゾンが委託する中小運送会社（デリバリープロバイダ）
■丸和運輸機関
■SBS即配サポート
■札幌通運
■ヒップスタイル
■遠州トラック
■若葉ネットワーク
など
フレックスの拡大で、アマゾン向け荷物が徐々に減少
アマゾンからは実質撤退、全国一律料金もやらない
SGホールディングス
（佐川急便の親会社）
SGH
アマゾンの自前路線受け
3極の新たな陣営が確立
アマゾン以外の顧客開拓
ヤマトと心中する覚悟
ヤマトホールディングス
&
Zホールディングス
（ヤフーの親会社）
Z HOLDINGS
2020年6月からYahoo!ショッピングとPayPayモールの出店者向けに物流代行サービスを提供。21年4月にはこれをリニューアルし、サイズ別全国一律配送料金を設定。値下げに踏み切った
イオングループ
AEON
傘下で「kurashiru（クラシル）」を運営するdelyが、ネットスーパーで連携
ZOZO、ヤマダデンキなど
ZOZO
YAMADA
20年10月から順次、PayPayモールにおける店頭在庫の表示・受け取りで連携
リアルとデジタルで協業
GAFAへの対抗に意欲
日本郵便
&
楽天グループ
JP POST 日本郵便
Rakuten
21年7月に物流に関する合弁会社を設立（日本郵便が過半出資）。日本郵便の親会社日本郵政は、同3月楽天に1500億円の出資も行っている。ただ施策の具体化が遅れ気味
21年3月に楽天がKKRと共同で株式取得
ビックカメラ
ビックカメラ
合弁会社を設立し、18年4月「楽天ビック」開始
SEIYU
西友
18年10月「楽天西友ネットスーパー」開始

イオンやセブンも攻勢

「自前物流」に舵を切るのは、アマゾンだけではない。イオンは23年に千葉市の誉田（ほんだ）町で、初のネットスーパー専用となる物流倉庫を稼働させる。対アマゾンの切り札ともいわれる英オカドの技術を活用し、「倉庫の自動化だけでなく、効率的な配送力の構築も目指す」（運営子会社のバラット・ルパーニ代表取締役）。

セブン＆アイ・ホールディングスも23年春、神奈川・新横浜で「イトーヨーカドーネットスーパー」専用の物流拠点を稼働させる。セブン＆アイは7月に発表した新中期経営計画で、ラストワンマイル配送プラットフォームの構築を掲げている。

20年の物販EC市場は前年比22％増の12・2兆円、EC化率は8％となった。しかし、食品系のカテゴリーは金額は大きいものの、EC化率がまだ3・31％にとどまる。イオンやセブン＆アイなどはこの市場を狙いネットスーパーを強化し、同時に物流の自前化に取り組んでいる。

●「食品類」は最も伸びしろが大きい

分類ごとの市場規模とEC化率

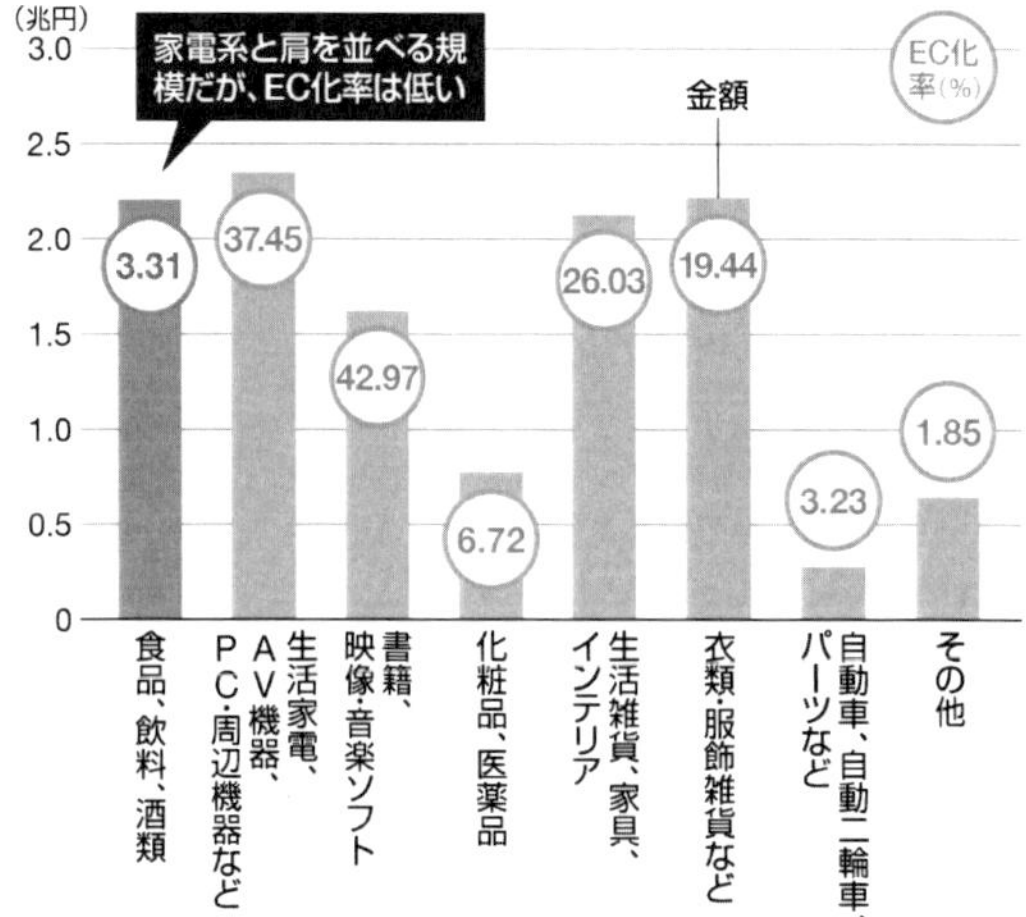

「配送車両やピッキングの要員確保などを含めて、この先物流の仕組みをどうつくれるかが大きな分かれ目になる」と、小売・流通事業者向けにデジタル化を支援する10Xの矢本真丈CEOは語る。

アマゾンとヤマトの蜜月が完全に終わり、異次元の競争に突入した物流業界。コロナ禍の「物流バブル」がはじけた先に何が待っているのか。今まさに業界の地殻変動が起きている。

（二階堂遼馬）

背水のヤマト・ヤフー連合

アマゾン、楽天グループの後塵を拝し国内EC（ネット通販）市場で長年3位のヤフーが、物流機能の強化に乗り出した。

2020年3月に親会社のZホールディングス（以下ZHD）は、ヤマトホールディングス（YHD）と業務提携で基本合意したと発表。同6月から「ヤフーショッピング」「PayPayモール」の出店者向けに、YHDが商品の倉庫保管を含めた物流業務を一括で請け負う「フルフィルメントサービス」と、配送業務をメインに請け負う「ピック&デリバリーサービス」を提供する取り組みを始めた。

出店店舗はこれらを利用することで出荷作業の負担が減り、物流にかかるコストを削減できる。フルフィルメントサービスを利用した場合、店舗が定休日でも商品の出荷が可能となるため、受注から出荷までの時間が短縮され、翌日配達の件数を増やせるという。

ヤマト運輸はヤフーとの提携に合わせ、「ＥＡＺＹ（イージー）」と呼ばれるＥＣ専用の配送サービスも開発。玄関ドア前への「置き配」や宅配ボックスなど非対面の受け取りを消費者が選べる。配達の直前まで何度も受け取り方法を変更できたり、置き配時に配達完了通知と写真がメール配信されたりする機能もある。ヤマトは配送効率を上げるため、自社のドライバーは使わず外部の運送パートナーに委託する。

ヤフーでショッピング統括本部長を務める畑中基・執行役員は、サービス開始の背景を「商品の到着が遅いと注文の機会損失になる。店舗の負担も大きく、ＥＣ事業者として必要性を痛感していた」と語る。ヤマト運輸の阿部珠樹・常務執行役員（ＥＣ事業本部長）は「消費者のニーズは多様化しており、ＥＡＺＹを使い新しい価値を提供できるのも、今回の提携の強みだ」と自信を見せる。

驚きの料金を提示

さらに2021年4月、両社提携のサービスを刷新した。サービス開始当初は料金について出店店舗とヤマトとの間で個別の見積もりが必要だったが、荷物のサイズ別に全国一律の配送料金が導入された。

これが破格の設定だった。首都圏のある運送会社の幹部は、「配送料の数字は衝撃的だった」と打ち明ける。サイズによっては、安さを売りにする楽天の物流代行サービスよりも、大幅に安い水準に設定している。値下げの原資はヤフー側の負担も相当分あるようだ。

むろん、ヤマト側としてもアマゾンと溝が生まれ大口の顧客をつかみたかった事情がある。そもそもこの提携は「2019年秋ごろにヤマトからサービスの提案があったことがきっかけ」(ZHDの川邊健太郎社長)であり、まさにヤフーとヤマト両陣営にとっての背水の陣と言っても過言ではない。

店舗からの評判は上々だ。ヤフーでの販売がEC売り上げの半分以上を占めるパソコンショップ、オーエープラザの王含宗社長は、「配送料の安さがいちばんの決め手。採算面によって今後変わる懸念もあるが、この価格水準を維持してほしい」と話す。

■ヤマトとの物流連携でアマゾンを追う

—Zホールディングスの物流戦略強化の経緯—

2020年	3月	新たなコマース戦略を発表、ヤマトホールディングスと業務提携で基本合意
	6月	受注から出荷までの出店者の業務を代行するフルフィルメント（物流代行）サービスを開始
	7月	置き配などが可能なヤマトの配送商品「EAZY（イージー）」を出店者向けに提供開始
	11月	PayPayモールで出店者の実店舗在庫の検索・購入、実店舗での商品受け取りが可能に
21年	2月	ヤフーショッピングとPayPayモールで出荷遅延率の低さや翌々日までの配送など一定基準を満たした商品への「優良配送」ラベル付与を開始
	4月	フルフィルメントサービスを刷新、出店者向け配送料を大幅値下げ。サービス利用店舗を優良配送の対象に
	7月	アスクル・出前館と共同で日用品や食料品の即配サービス「PayPayダイレクト」の実証実験を開始

（出所）Zホールディングスとヤフーの発表資料を基に本誌作成

「即時配達」にも照準

ヤフー独自の取り組みも進めている。ユーザーが配送の早い商品を見つけやすくするため、21年2月から一定基準を満たした店舗の商品に検索結果や商品ページで「優良配送」のラベルを付与することを始めた。ヤマトの代行サービスを利用する店舗の商品には、これが自動的に付与される。

直近では注文商品の2割が優良配送になっており、この比率を21年度中に5割、23年度にはほぼすべての注文品に広げる。さらに24年度にはすべての注文を優良配送の対象にしたい考えだ。ただ優良配送にはヤマトの物流代行を利用しない商品も含まれており、ユーザーの間に混乱も生んでいる。

YHDとの協業で翌日配送に取り組むだけでなく、ZHDとしてはより踏み込んだ「即時配達」にも目をつけている。7月末、グループ内のアスクルと出前館が最短15分の即配サービス「PayPayダイレクト」の実証実験を東京・板橋区で始めた。アスクルが販売する日用品や食料品を出前館のアプリで注文すると、アスクルが地域内に設けた倉庫に保管する商品を、出前館の配達員が指定場所に届けるという仕組みだ。

実は以前からヤフーはこの領域に目をつけており、2020年3月から8月まで、「ＰａｙＰａｙダッシュ」という即配サービスの実証実験を福岡県の一部地域限定で展開していた。イオン九州と連携し、ヤフーが雇ったアルバイトの配達員がイオンの店舗から商品を最短30分で届けるという仕組みだった。

こうした実験の結果を基に、アマゾンもなしえていない即配の実現をＺＨＤが成し遂げる可能性もある。背景には、韓国のＥＣ最大手・クーパンの存在がある。ＺＨＤの親会社・ソフトバンクグループの運営する「ビジョン・ファンド」が出資し、「ロケット配送」と称して日用品や食料品を原則24時間以内に配送する。クーパンは21年6月に日本に進出し、東京・品川区で即配サービスを始めており、今後連携する可能性も「ゼロではない」（畑中氏）という。

商品の届け方はさらに広がる。20年10月からはＰａｙＰａｙモールに出店するヤマダデンキなど一部店舗で、実店舗に在庫があれば、ユーザーが最寄りの店舗で商品を受け取ることが可能になった。在庫のある最寄りの店舗から自宅への配送に関し検証も始めている。

矢継ぎ早に物流の新戦略を繰り出すヤフーとヤマト陣営。ＥＣ支援会社・いつもの望月智之副社長は、「ＰａｙＰａｙとの連携なども合わせれば、業界構造がひっくり返る可能性もある」と話す。アマゾンの厚い壁を崩せるか。

（中川雅博）

「ラストワンマイルだけじゃない」

ヤマト運輸　常務執行役員　EC事業担当・阿部珠樹

ECの荷物に特化した配送サービス「EAZY」は、EC市場の拡大に対応するために始めた。個人間配送がメインだった従来の宅配便ネットワークは、法人対個人で運ばれるECの荷物に向いていない。そこでEAZYでは自社のドライバーではなく、柔軟に需要の変化に対応できる地場の運送会社に配送を任せている。もちろん配送を委託先に丸投げするのではなく、一定の品質基準を確認しながら配送体制を構築している。

上流工程の業務も支援

すべてがデジタルでリアルタイムにつながっており、利用者は配達直前まで何度でも受取場所を変更することが可能だ。コロナ禍で非対面の受け取りを希望する人も増えており、そうした多様なニーズに応えることもできる。

ヤフーとは一緒にEC事業者向けサービスを提供している。われわれが持つ倉庫などのアセットを店舗に活用してもらえれば、配送にかかるコストやリードタイムを従来よりも減らすことができる。発送形態や仕分けの工程数などで荷物の配送の原価は一つひとつ違う。ラストワンマイルだけでなく、上流工程の保管や幹線輸送も含めた全体の流れの中で支援していきたい。

これからは自社ECで販売する中小事業者などにも、積極的にアプローチしていきたい。

（聞き手・佃　陸生）

阿部珠樹（あべ・たまき）
1970年生まれ。93年日本大学卒業後、ヤマト運輸入社。東京支社長を経て、2019年4月常務執行役員（東京支社長）。21年4月から現職。

「とにかく早く届けることが大事」

ヤフー　コマースカンパニー執行役員　ショッピング統括本部長・畑中　基

２０２０年6月に両社で始めた出店者向けの物流代行サービスは、出店者との料金や対応可能な荷物の交渉が個別対応で時間がかかりすぎた面がある。そこで２１年4月から価格体系を統一、実質的に値下げしたところ、売り上げの多い出店者を中心に申込件数が増えている。

これで消費者の購買頻度や単価が上がるわけではなく、あくまでベースの改善だと思っている。流通総額を上げたければポイント還元を増やせばいい。ただ今はそうしたマーケティング投資を減らし、（配送の所要時間が2日以内など一定の基準を満たす）「優良配送」商品の対象拡大を急いでいる。ヤマトとの連携はそこで生きてくる。

トップ同士の会合も

在庫のある実店舗から自宅に配送する実験もヤマトと行っている。Zホールディングスでは出前館を活用したサービスも始めているが、いろいろな組み合わせを検証しながら、ユーザーにとっての受け取りの満足度を上げたい。

翌日、遅くとも2日後に商品を届けたいというEC事業者としての長年の問題意識がヤマトと組んだ理由だ。

ヤマトの阿部珠樹常務とは私も定期的に情報交換している。両社のトップも会合しており、会社としてコミットメントの強い提携だ。ヤマトと心中するくらいの覚悟でやっている。

（聞き手・中川雅博）

畑中　基（はたなか・はじめ）
アパレル企業を経て2003年ヤフー入社。「ヤフーショッピング」本部長や「PayPay」の営業責任者などを経て、19年から現職。

7月に合弁会社がスタート

視界不良の楽天・日本郵便

ＥＣ市場の競争に欠かせない物流網の構築で、苦戦を強いられてきたのが楽天グループだ。２０１０年に設立した物流子会社・楽天物流は、債務超過に陥り１４年に解散した。その後、１８年7月には注文から配送まで一気通貫で管理する「ワンデリバリー」構想に２０００億円を投じると発表したが、効果は限定的に終わっている。

中でも目玉だったワンデリバリーは、出店者向けに商品の保管から出荷までを代行する「楽天スーパーロジスティクス」（１２年開始）の拠点整備と、ラストワンマイルの独自配送網「楽天エクスプレス」（１６年開始）の強化を目指した。ワンデリバリーの開始に当たり、三木谷浩史会長兼社長が、配送料の値上げを進めるヤマト運輸と日本郵政を名指しして批判したことも話題を呼んだ。

ただ、スーパーロジスティクスについては、「形状の異なる荷物をまとめて保管しているため、梱包作業の効率が低い」(EC支援会社幹部)との指摘が少なくない。結果的に、「セールのたびに配送遅延が起こる」との不満が出店者の間で蓄積しており、全国にある倉庫の利用者は楽天市場全体の出店者のうち2～3割とされる。

訴訟検討の配送会社も

エクスプレスに至っては、21年5月に突如サービス自体が終了した。複数の物流会社幹部によれば、「配送する物量が足りずコストもかさみ、赤字状態が続いていた」という。

エクスプレスの仕事を受けていた配送業者は反発を強めており、「サービス終了の2週間前に突然契約解除を告知するなどありえない。楽天に対する訴訟も検討中だ」(首都圏の運送会社首脳)と憤りを隠さない。

■2度の失敗から学びはあるか
—楽天グループによる主な物流関連の動き—

時期	内容
2010年 3月	物流子会社「楽天物流」を設立
12年 8月	出店者向け物流代行サービス「楽天スーパーロジスティクス」の提供を開始
11月	仏物流事業者ADSを買収、子会社化
13年 6月	米物流事業者Webgistixを買収、子会社化
14年 7月	債務超過状態の楽天物流を解散
16年 11月	自前配送サービス「楽天エクスプレス」を開始
18年 7月	自前物流網を構築する「ワンデリバリー」構想に2000億円を投じると発表
20年 12月	日本郵便と物流領域における戦略的提携に向けて合意
21年 3月	日本郵政と資本・業務提携を結び、1500億円の出資を受ける
5月	楽天エクスプレスのサービス終了を発表、自前配送から撤退
7月	日本郵便と合弁で「JP楽天ロジスティクス」を設立

(出所)公表資料を基に本誌作成

こうした2度の失敗を経て楽天が取った策が、日本郵政グループとの連携だ。2021年3月に日本郵政と資本・業務提携し、7月には日本郵便と物流の合弁会社「JP楽天ロジスティクス」を設立した。自前の配送サービスを諦め、今後は日本郵便への委託を拡大していく。

楽天が持つ物流拠点については新会社に移管し、23年までに3つの新拠点を共同開設する予定だ。日本郵政の増田寛也社長は、「楽天市場の出店者を引き込むためのサービスの設計を考えている。楽天の倉庫と日本郵便の地域区分局をうまく活用していきたい」と発言。楽天のコマースカンパニーロジスティクス事業バイスプレジデントの小森紀昭執行役員は、「日本郵便の配送網と楽天のデータ分析やAI（人工知能）の能力を活用する」と青写真を描く。

一方で両社の連携については、新会社の設立から1カ月以上が経っても具体的な策は出てこない。仮にここでも二の足を踏めば、楽天は物流で3度目の失敗をすることになりかねない。

（中川雅博）

委託業者の期待と不安

「結局のところアマゾンはデリバリープロバイダ頼みだ。ヤマト運輸のように荷物を減らされることはまずない」

アマゾンから宅配などを受託している地域限定の配送業者、デリバリープロバイダの社長はそう語って胸を張った。

それもそのはず。コロナ禍による巣ごもり消費の拡大で「アマゾン特需」が発生、売り上げを大きく伸ばして過去最高益をたたき出すなど、わが世の春を謳歌しているからだ。

おのずと、デリバリープロバイダ各社の「アマゾン比率」は高まっている。例えば、アマゾンの大型物流拠点の倉庫内業務や拠点間輸送などを受託しているファイズホールディングス（ＨＤ）は２１年3月期、アマゾン向けだけで前期比３０・４％増の９０・５億円を売り上げ、売上高の実に６９・９％を占めるに至った。

　また拠点から別の拠点に大型トラックで大量に荷物を運ぶ幹線輸送を受託する遠州トラックも３４・４％、関東圏を中心に宅配などを受託している丸和運輸機関も２３・４％がアマゾン向けだ。

■中小物流企業のアマゾン依存度が増している

—アマゾンの物流委託企業の主な取り組み—

会社名	開始時期		内容および直近の動き
ファイズHD	2013年10月	69.9%	大型拠点の倉庫内業務、幹線輸送を受託。21年7月から関東と大阪の一部エリアでビックカメラの宅配を受託
遠州トラック	16年11月	34.4%	小田原の大型倉庫を軸とした幹線輸送に加え、東海道エリアで宅配も受託。20年10月から関西圏でも宅配拠点を3つ新設
丸和運輸機関	17年6月	23.4%	関東圏の宅配だけでなく、拠点間輸送、中規模拠点の倉庫内業務も受託。20年10月に関西圏で新規受託
ロジネットジャパン	18年度	17.5%	幹線輸送、北海道や東京などでの宅配を受託
SBS即配サポート	15年	不明	関東圏を中心に宅配を受託。20年10月ごろには関西圏で宅配を新規受託

(注)アマゾン依存度は、全体の売上高に占めるアマゾン向け販売額の割合を指す。SBS即配サポートの親会社はSBS HD。ロジネットジャパンの決算期は3月。HDはホールディングスの略

(出所)各社の決算資料や取材を基に本誌作成

アマゾンは「宅配クライシス」の際に配送料を値上げした宅配大手から距離を置き、自前物流網の構築を本格化させた。その際の受け皿となったのがデリバリープロバイダで、アマゾンとはかれこれ数年にわたる〝蜜月の関係〟だ。

両者の関係は、日本郵便の衣川和秀社長が20年2月の記者会見で「デリバリープロバイダなどは、われわれにはできないような低価格で荷物を引き受けているようだ」と語ったように、デリバリープロバイダの努力の賜物でもある。宅配大手では太刀打ちできない価格力を武器に、アマゾンからの仕事を受けているわけだ。

アマゾン幹部の衝撃発言

それでもデリバリープロバイダには心配事がある。

あるデリバリープロバイダの首脳によれば、20年初めに当時アマゾンジャパンの物流部門でナンバー2だった鹿妻（かづま）明弘氏が、デリバリープロバイダの社長たちに向かって「アマゾンがデリバリープロバイダに委託する宅配の荷物量がこれまでどおりに増えるとは思わないでいただきたい」と言い放ったのだ。

その場に居合わせたこの首脳は、「今後アマゾンは、増え続ける宅配の荷物をわれわれデリバリープロバイダに委託するのではなく、個人ドライバーに直接委託する方針のようだ」と明かす。

というのもアマゾンは、19年に本格スタートさせた個人事業主のドライバーに直接委託する「アマゾンフレックス」（以下、フレックス）の展開を、ここに来て一層強化しているからだ。21年中には都心を中心に専用の配送拠点（デリバリーステーション）数を約30カ所にまで拡大する計画だ。

なぜか。理由は簡単で、個人ドライバーに直接委託すれば、デリバリープロバイダに支払っている配送料よりさらに割安だからだ。つまりアマゾンは、デリバリープロバイダに頼らない真の自前物流網の構築に乗り出すタイミングだと判断したわけだ。

事実、下請けドライバーは「配送拠点に出入りするフレックスの個人ドライバーが増えてきた」と明かす。また複数のデリバリープロバイダ幹部も「業務委託契約を結んでいた個人ドライバーを多数、アマゾンに引き抜かれた」と口をそろえる。

中には、「首都圏の現場では定期的に配送車両数が減らされている。足元では数百万円規模でアマゾン向け宅配の取引の縮小が続いている」と危機感をあらわにするデリバリープロバイダ関係者もいる。

宅配以外にも活路求める

こうした事態を受けて、デリバリープロバイダもアマゾンとの取引の縮小に備え始めた。

例えば前述のファイズHDは、20年前半に大手小売企業から倉庫内業務を新規受託。21年7月からは関東と大阪の一部エリアでビックカメラの宅配を受託するなど、アマゾン一本足打法からの脱却を急いでいる。

アマゾンから宅配を受託しているSBSHDも、事業者向け工業用間接材EC（ネット通販）大手のMonotaROなど大口顧客を開拓するとともに、地場の運送会社を買収することで配送網の強化を進めている。

中には、アマゾンの競合でもある楽天グループから拠点間輸送などを受託する企業も出始めている。

一方で、アマゾンとの関係を維持するために、宅配以外の物流業務受託に活路を見いだすデリバリープロバイダもある。

丸和運輸機関は、20年ごろからアマゾンの拠点間輸送や中規模拠点の倉庫内業務の受託を本格化させており、21年3月末時点でアマゾン関連の売り上げの約24％を占めている。

同社の和佐見勝社長は「倉庫内業務などを受託すれば、関係の維持と深耕につながる。マネジメント力はあるので、大型拠点も含めて今後さらにアマゾン向けの新規案件を受託していきたい」と意気込む。

ただ、宅配以外の物流業務でもフレックス同様、直接委託が始まってもおかしくはない。アマゾンは幹線輸送を管理するシステム「アマゾンリレー」を19年9月から導入しているからだ。

幹線輸送の場合、一定期間中に決まった車両数を確保する固定契約が一般的で、荷物がなくても顧客はコストを負担することがある。そこでアマゾンは、幹線輸送の一部をスポット案件化し、受託したい運送会社とシステム上でマッチングさせることで、効率化を目指しているのだ。

あるデリバリープロバイダ関係者は「フレックスと同じく需要データを収集して分析し、コストを最適化しているようで、いずれは直接委託へ移行する可能性も否定できない」と危機感を強める。

たとえ蜜月でも、役割を終えると切ってしまうドライなアマゾン。中小物流企業はアマゾンとの付き合い方を再考すべき局面に来ている。

（佃　陸生）

深まる個人ドライバーの苦境

「届けなければならない荷物が多すぎる。身も心もすり減ってしまい、うつ病寸前だ」

首都圏で3年以上アマゾンが配送を委託する運送会社（デリバリープロバイダ）の下請けドライバーとして荷物を運んでいる40代の男性ドライバーはこう訴える。

契約当初、1日に運んでいた荷物は130個前後。それが2021年5月を境に状況が一変した。次表はこのドライバーの配達状況をまとめたもの。これを見ればわかるように、5月以降1日当たりの平均配達個数が160個前後と2割ほど増え、多い日には210個の荷物を配達したというのだ。

■荷物が急増しても報酬は据え置き
―あるドライバーの平均配達個数と平均単価―

	配達した荷物数	1日の平均配達個数	平均単価
2020年 10月	3315個	124個	121円
11月	2751個	121個	124円
12月	3078個	136個	111円
21年 1月	3080個	136個	110円
2月	2736個	133個	113円
3月	2670個	123個	122円
4月	3036個	134個	112円
5月	3413個	158個	95円
6月	3512個	162個	92円

（注）平均配達個数は、配達した荷物数を稼働日数で割って算出
（出所）取材を基に本誌作成

荷物の急増は、アマゾンの下請けドライバーに共通している。関東の運送会社の幹部も「ウチのドライバーだと1日に230個程度。運ばされる荷物は右肩上がりで増えている」と明かす。

背景にあるのは、言わずもがなだがコロナ禍。巣ごもり需要の拡大でEC（ネット通販）の利用が急増しているからだ。そのシワ寄せが、こうした下請けドライバーに向かっている。というのも彼らは個人事業主で、労働基準法が定める残業規制の対象外だからだ。

青山ロジスティクス総合研究所の刈屋大輔代表取締役は「急増するEC荷物の処理に追われる運送会社からすれば、労働時間に制約がない下請けドライバーは都合がいい存在」と指摘する。ちなみに冒頭の男性ドライバーは、1日14時間以上働いているという。

荷物1個100円で配達

だが、いくら荷物が増えてもドライバーの報酬は据え置きのままだ。デリバリープロバイダの下請けドライバーはほぼ日当制。そのため、冒頭の男性ドライバーの場合、1日にどれだけ多く運ぼうと、報酬は1万5000円のままだ。

配達した荷物数で報酬を割ると、21年5月以降は荷物1個を100円にも満たない単価で配達させられていたことになる。配達エリアなどで変わるが、宅配大手の下請けドライバーだと単価の相場は100~170円程度だ。

それでも下請けドライバーがアマゾンや運送会社に対して声を上げることは難しい。委託契約を解除されてしまいかねないからだ。

下請けドライバーが加入する労働組合、建交労軽貨物ユニオンの高橋英晴事務局長は「運送会社からすれば代わりはいくらでもいる。報酬が据え置きで、1日の配達個数を100個から220個に増やされても、会社と契約交渉できない」と説明する。

こうした下請けドライバーを横目に、アマゾンが展開を強化しているのが、個人ドライバーと配送拠点ごとの案件をマッチングするサービス「アマゾンフレックス」だ。配達に使う軽車両が必要だが、個人ドライバーはスマートフォンのアプリ上に表示される案件を自由に受注できる。

　次図に示すように、複数の運送会社が仲介して手数料を徴収する①多重下請けモデルと違い、②直接委託モデル（アマゾンフレックス）ではアマゾンと個人ドライバーが直接、業務委託契約を結ぶ。運送会社による「中間搾取」が発生しないため、後者のほうが個人ドライバーの報酬は高くなる。

中間搾取がない直接委託モデル
―委託ドライバーの契約形態―

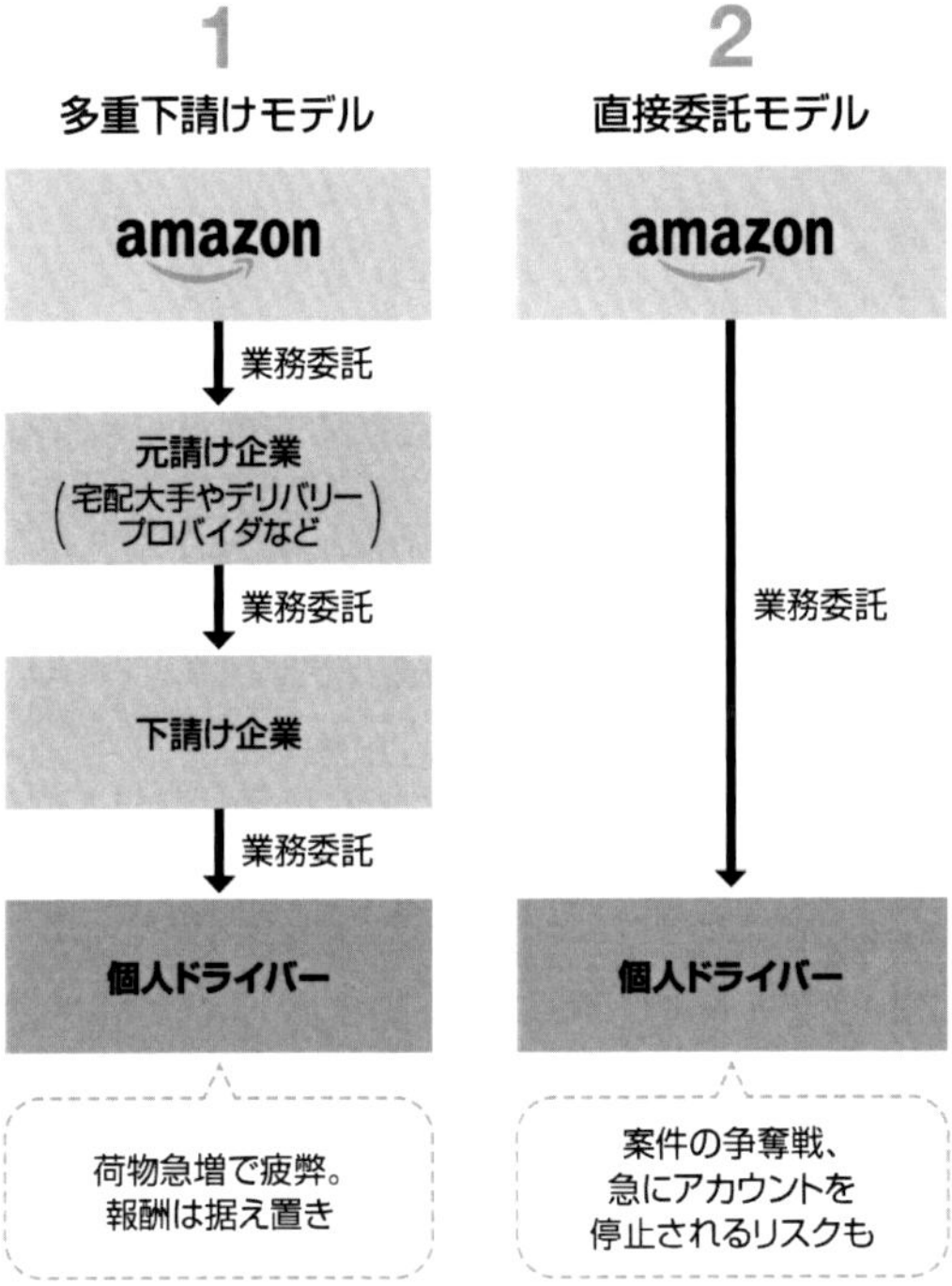

(出所)取材を基に本誌作成

下請けドライバーを辞め、アマゾンフレックスで働いていた都内の30代男性によれば「同じ時間働いた場合、アマゾンフレックスのほうが報酬は4割も高い」という。自由に働けて稼げるので、未経験者も続々と流入している。首都圏の30代男性ドライバーは工場の派遣社員だったが、20年初めに登録。月5万円で軽車両を借り個人ドライバーとなった。

「8時間程度の案件だと報酬額は約1万3000円。週に5日間働けば（ガソリン代などを除いても）最低で週6万円は稼げる。アマゾンが提示するほどではないが、前職と比べて収入は1・5倍に増えた」（男性ドライバー）

競争激化で案件争奪戦に

とはいえ、アマゾンフレックスの個人ドライバーの場合、ドライバーの需給バランスが崩れれば案件がなくなるリスクがある。

2021年1月に首都圏で緊急事態宣言が出された際には、登録ドライバーが急増。前述の男性によれば、見かけるドライバー数が2～3倍にまで増えたという。

「飲食店の休業などコロナ禍の影響で失業者がアマゾンフレックスに流れており、配送案件が取りづらい。受注するためにアプリに張り付いて1分1秒を競っている」（複数の個人ドライバー）

さらに、ある日突然アカウントを停止され、仕事がなくなるリスクもある。荷物を配達しきれない、注文者からのクレームが多いといった理由で停止されるといわれているが、アマゾンはその基準を明らかにしていない。

都内の30代男性ドライバーも注文者からのクレームで停止処分を受けている。「配達員の流入が増加して質が落ちているのは事実だが、注文者からの言いがかりもひどい。荷物をちゃんと置き配して証拠写真も撮っているのに届いていないと何度も言われた。品川、大田、世田谷はとくにクレームがひどい」（同ドライバー）。

下請けドライバーにしろ直接委託の個人ドライバーにしろ、生殺与奪の権を握っているのは結局のところアマゾンだ。だが、サービスを支えるドライバーに対する配慮は見られない。

（佃　陸生）

ネットコンビニの最前線

2021年8月、東京オリンピックのサッカー日本代表戦がハーフタイムに入った瞬間。コンビニエンスストア、ローソンの店舗はてんてこ舞いの忙しさとなった。ウーバーイーツ経由で酒やデザート、「からあげクン」などの注文が続々と入ったからだ。

今、コンビニの商品を配達するフードデリバリーの市場が急拡大している。ローソンがウーバーイーツに出店する形でデリバリーサービスを開始したのは、19年8月のこと。ローソンの吉田泰治・新規事業本部本部長補佐は「ローソンの商品群なら出前市場も取り込めると思った」と話す。

ウーバーイーツに出店した理由について吉田本部長補佐は、「まだ市場が過渡期なので、自社サービスだと十分な売上高を取れず、配送コストに圧迫されるからだ」と明かす。

コロナ禍の後押しもあり、出店するデリバリー会社を4社まで拡大。一方でサービスを手がける店舗も21年7月時点で約2100店まで増やした。

「コロナ禍はきっかけにすぎない。デリバリー市場の規模が今の約6000億円から2兆円になる可能性は十分ある。22年2月までには3000店で展開したい」と吉田本部長補佐の鼻息は荒い。

ファミリーマートも、20年10月からデリバリーサービスのmenu（メニュー）に実験的に出店。21年6月末時点で、9都道府県の52店舗にまで拡大している。

配送会社と組むセブン

こうしたギグワーカーを使うコンビニと一線を画しているのが、業界王者のセブン-イレブンだ。

セブンは、2017年4月に物流大手セイノーホールディングス（HD）と業務提携。セイノーHDの完全子会社であるGENie（ジーニー）を配送業者に据え、自前のデリバリーサービスをスタートさせた。6月末時点の導入店舗数は370店に上る。

重視するのは、注文から約30分での配達だ。開始当初は店頭と同じ価格で送料も無料だったが、現在は税込み330円の配送料がかかるほか、販売価格も2割引き上げた。だが、30分での配達を保証したことで、顧客からの支持は高まったという。

「コンビニの商品は今欲しいというニーズが高いが、デリバリーサービス会社では30分での配達は約束できない。自ら配達サービスを構築することが重要だ」とセブン&アイ・ホールディングスの石橋誠一郎グループ商品戦略本部長は語る。

そこでカギとなるのが、ウーバーイーツのようなギグワーカーではなく、ジーニー専属の配達員であること。配達員をつねに一定数確保することができ、注文を受けてからすぐに対応できるわけだ。

■ ギグワーカーを使わないシステムを構築
―セブン-イレブンの配達システムの概要―

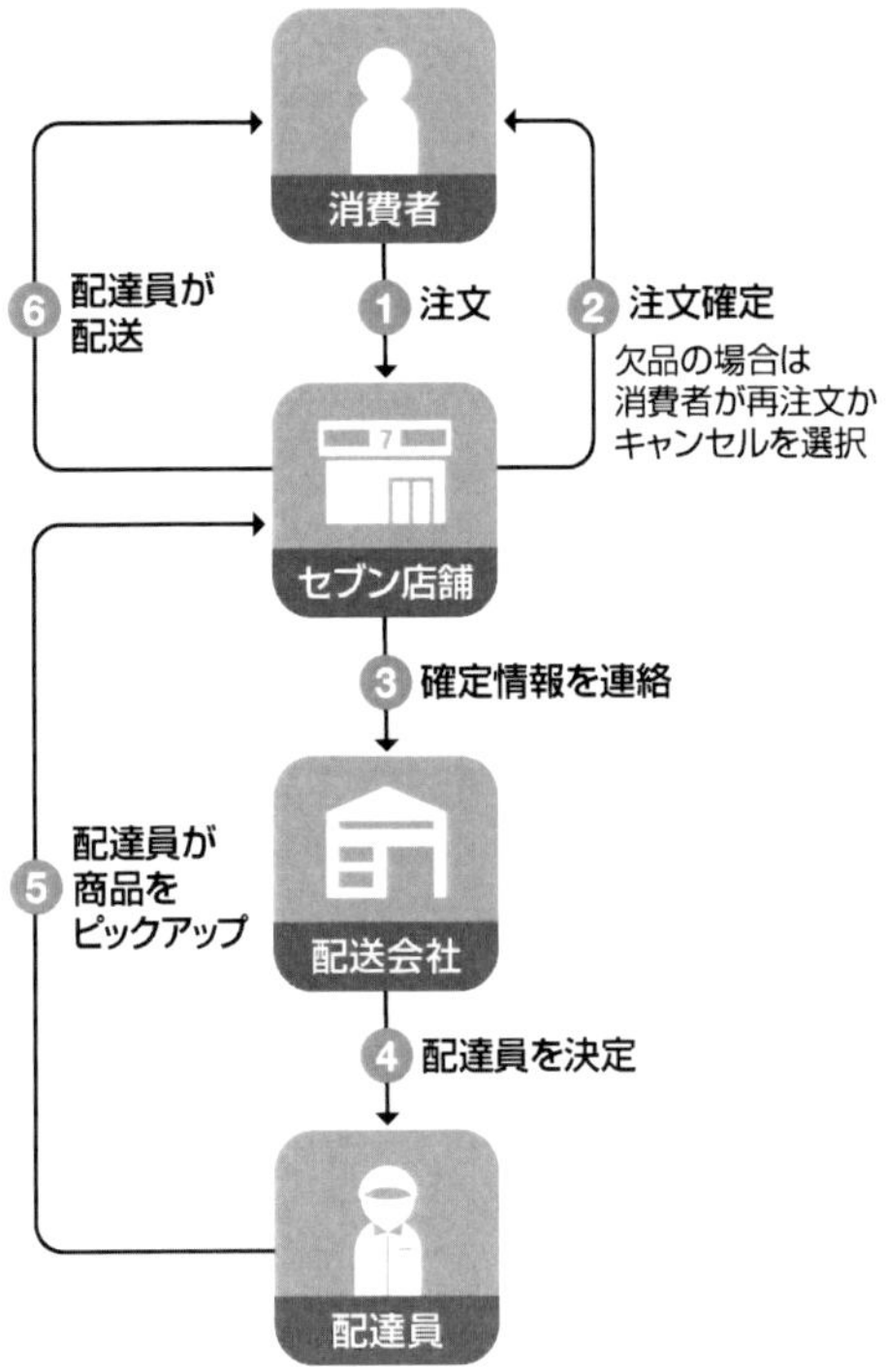

(出所)セブン-イレブンへの取材を基に本誌作成

とはいえ、どちらの配送方法にも一長一短ある。確かに専属配達員であれば迅速な対応が取れるが、受け入れ可能な注文数に上限が生まれてしまうからだ。そういう意味では、いずれにしても配達員の十分な確保が必須となる。

そこでローソンが注目しているのは、読売新聞の販売店がマクドナルドの商品配達を受託したこと。朝夕刊の配達以外の時間を使ったもので、同様に遊休時間のある企業と手を組む可能性があるという。

コンビニ特有の問題もある。ほとんどの店舗がフランチャイズ加盟店のため、利益分配と費用負担をどうするかだ。

例えばローソンの場合、「来店客と配達客とで差が出ないようにしている」（吉田本部長補佐）という。具体的には、店頭で216円のからあげクンは、ウーバーイーツ上では268円（いずれも税込み）。だが、加盟店の売り上げは216円で計上し、手にする利益も同じ。費用負担は注文を受けるタブレットのレンタル料のみだ。

加盟店が損する仕組みでは、導入店は増えない。コンビニ各社は事業拡大に向け、ビジネスモデルの確立を急いでいる。

（遠山綾乃）

COLUMN　米国で爆発的に普及

買い物代行サービスの可能性

小売業界の人手不足対策として切り札となりうるのが、配送と同時に商品のピッキングも担う「買い物代行」サービスだ。

破竹の勢いで成長しているのが、米国最大手のインスタカート。コロナ禍でのロックダウンもあり、20年の年間注文数は前年比500%増を記録し、企業価値は4兆円を超えた。ウォルマートやコストコなど全米600社超の小売事業者と提携し、50万人超のギグワーカーを抱える一大インフラとなっている。

数多くの提携店から、欲しい商品が1時間以内に届くのが強みで、「配送やピッキングの要員確保に頭を悩ませる中、期待できる選択肢」（日本の大手スーパー幹部）と目されている。

日本でも「ツイディィ」や「ピックゴー」など買い物代行サービスはいくつか存在しており、ツイディはライフ、サミット、島忠などと提携している。ただ、２０１７年に始まったシンガポール発の「オネストビー」は、経営の悪化で１９年に撤退した。

日本はそもそもピッキングに向かない店舗設計になっていたり、ドライバーへのチップの文化がなかったりすることが、普及のハードルになっているもよう。小売りのネット対応に欠かせない人の手当てをどうするか。日本の事業者はまだ、その解を見いだせないでいる。

（二階堂遼馬）

打倒アマゾン最終決戦

都心から50キロメートルほど離れた千葉市郊外の更地では、大型クレーンがせわしなく動いていた。近くにある記念碑には、「明治大学農学部発祥の地」の文字。この地が今、ロボットで生鮮商品などを出荷する最新施設に生まれ変わろうとしている。

千葉市緑区の誉田（ほんだ）町で建設が進められているのは、流通大手・イオンのネットスーパー新拠点「イオン誉田CFC」だ。CFC（顧客フルフィルメントセンター）は、注文の受け付けから商品の梱包や配送、在庫管理などまでEC（ネット通販）取引における業務全般を担う施設を指す。

地上3階建てで建築面積は東京ドームの7割に相当する。開業予定は2023年。配送エリアは千葉県内と都内の一部、食料品や日用品など5万点の商品を扱う。

総合スーパー「イオン」を運営するイオンリテールもネットスーパーを展開するが、誉田CFCはそれと別個に事業を行う。従来のネットスーパーと大きく異なるのは最新技術を導入する点だ。在庫から注文商品を取り出すのは、人間ではなくAI（人工知能）で制御された1000台ものロボット。約6分で50商品をピッキングできるうえ、24時間稼働する。

誉田CFCの投資額をイオンは公表していない。だが、土地購入などで40億円近くをすでに投じたようだ。

今後5年でイオンが猛追

「『オンラインデリバリー＝イオン』というイメージをつくりたい」。2021年4月に発表した新中期経営計画の説明会で、イオンの吉田昭夫社長はそう意気込んだ。

19年度で700億円だったネットスーパーを含めたECの売り上げを計画最終年度の25年度には1兆円にし、「国内小売りでトップ規模を目指す」（吉田社長）。売上高2兆円のアマゾンジャパンの背中はなお遠いが、今後5年で猛追する構えだ。計画達成のために年間設備投資額4000億〜4500億円の35%を物流・デジタル領域に投じる。その額は5年累計で7000億〜7800億円に上る計算だ。

この1兆円計画の中核となるのが、グループ各社で展開するネットスーパー事業であり誉田CFCだ。誉田CFCの運営では、英国ネットスーパー専業のオカドから提供される最新ノウハウが重要な役割を担う。2000年創業のオカドは、英国内で最先端のCFCを運営しつつ、自社で培ったノウハウを外販している。日本では、19年11月にイオンと独占契約を結んだ。

オカドは、CFCを起点とした商品配送も得意とする。商品の大きさや温度帯などの注文状況を把握したうえで、最適な車両配置や配送ルートをAIが導き出す。誉田CFCを運営することになる「イオンネクスト準備」のバラット・ルパーニ社長は、「配送システムでもオカドのノウハウは競争力がある」と期待を込める。

ハイブリッド型に脚光

コロナ禍で消費者の利用が急増、国内流通大手が展開するネットスーパーは400億〜500億円の売り上げ規模に達したようだ。だが肝心の収支は、イオンリテールでも単月黒字化をやっと果たせたという状態だ。

「ネットスーパー＝儲からない」。コロナ禍前のスーパー業界内ではこれが定説だった。最大の問題は売り上げの伸び悩みだが、運営上の課題も大きい。それは「店舗型」と「センター型」という運営タイプによって異なる。

現在の国内ネットスーパーの主流は、実店舗から出荷する「店舗型」だ。店舗型では店舗の従業員が注文された商品をピッキングし梱包する。専任担当者を置いていなければ、注文のたびに通常業務の合間を縫って作業する必要があるため、業務全体の効率性が損なわれる。20年春の利用急増時にはピッキング作業が追いつかなかった。

一方、大規模拠点に在庫を集約し、そこでピッキングや出荷を行う「センター型」なら、作業を大幅に効率化できる。しかしデメリットもある。既存店を活用する店舗型に比べて、初期投資の負担がどうしても大きくなるのだ。

過去にはセンターの初期投資に耐えられず、撤退した企業もある。住友商事傘下のサミットだ。アマゾンが川崎市のセンターで17年から開始した「アマゾンフレッシュ」でさえ、今なお投資先行で苦戦が伝えられている。

アマゾンフレッシュ事業本部長の荒川みず恵氏によると、「生鮮食品の鮮度に対する日本の消費者の目線の厳しさを痛感」しつつも、利用者は順調に増えているそうだ。ただ、「認知度向上のためのマーケティングや配送ドライバーの確保、技術の最適化など、全方位的に投資がまだまだ必要」と話す。

店舗型とセンター型の長所と短所が明確になったことで、脚光を浴びているのが「ハイブリッド型」だ。ネットスーパーの利用者が多く作業の効率性が求められる都市部ではセンター型、利用がまだ少ない地域では初期コストの低い店舗型などと両方を併用する。

国内においてハイブリッド型で先行する西友は、センターの強みも生かしコロナ禍での利用急増にうまく対応したようだ。「ネットスーパーの中で今最も勢いがある」と他社幹部はうらやむ。

■同じネットスーパーでも出荷形態は異なる —主要ネットスーパーの概要—

社名	イトーヨーカ堂	イオンリテール	西友	アマゾン
開始時期	2001年	08年	18年	17年
出荷形態	店舗型	店舗型	ハイブリッド型	センター型
商品数	約2万	約3.5万	約2万	10万超
対象エリア	店舗のある19都道府県	店舗を展開する本州と四国	17都道府県	東京、神奈川、千葉
最低注文金額	下限なし	770円	2000円	4000円
配送料	110～330円	330円	330円	390円
特徴	110店舗から出荷。20年度売上高は357億円	219店舗から出荷。衣料品や医薬品も取り扱う	店舗に加えて千葉県柏市と横浜市の2センターから出荷	日用品中心の品ぞろえ。川崎市のセンターから出荷

（注）配送料は地域などによって異なる場合がある　（出所）各社HPなどを基に本誌作成

勝敗分ける配送の効率化

国内ネットスーパー最古参のセブン&アイ・ホールディングス（HD）も、ハイブリッド型へと舵を切り始めた。

傘下の総合スーパー・イトーヨーカ堂のネットスーパー拠点を横浜市で2023年春に開設。近隣のヨーカドー約30店舗で行っているネットスーパーサービスを代替するという。

センターの稼働とともに力を注ぐのが配送の効率化だ。中でもグループ会社を横断した配送網の共同利用に効果を期待する。セブン&アイ・HD常務執行役員の石橋誠一郎氏は、次のような仮説を立ててそろばんをはじく。

コロナ禍で内食志向が強まり、コンビニでも生鮮野菜が売れている。生鮮野菜の仕入れで強いのはヨーカドー。そこでヨーカドー店舗から近隣のセブン-イレブンに野菜を配送し、その車両でネットスーパーの注文商品も運べば、配送コストを削減できるはず――。

「ネットスーパー西日暮里店」（東京都荒川区）で、近隣のセブン-イレブンに野菜を運ぶ構想もある。実現に向けて、セブン&アイ・HDでは、「ヨーカドーがこれまでに蓄積したネットスーパーの配送データを分析している」(石橋氏)ところだ。

食品スーパー大手のライフコーポレーションは、アマゾンと提携してアマゾンプライム会員向けに生鮮食品などを販売している。アマゾンとの提携以前から展開していた店舗型の自社ネットスーパーでは、小規模のセンターを設置しハイブリッド型を志向している。同社の場合、自社配送網の構築にまで踏み出した。

物流事業などを担う間口ホールディングスと「ライフホームデリバリー」を設立、6月から事業を開始した。ライフのネットビジネス運営本部副本部長である内海由勝氏は、「繁忙期でも確実に届けるなど配送品質を高く保つために新会社を設立した」と話す。新会社の配送品質の高さを前面に押し出すことで、自社でも展開するネットスーパーの強化を図る。

経済産業省の調査によると、食品の国内EC取引率は飲料や酒類と合わせても3・3%。物販全体の8%よりも低く、未開拓の領域だ。そこでの勝者がアマゾンを超える存在になる可能性は十分にある。

(緒方欽一)

INTERVIEW　イオン「EC1兆円計画」への布石

「英オカド流の新拠点に自信あり」

イオンネクスト準備　代表取締役・バラット・ルパーニ

2023年の開業に向けて建設が進むイオンのネットスーパー新拠点「誉田CFC」。運営を担う「イオンネクスト準備」のバラット・ルパーニ社長に、今後の戦略について聞いた。

――誉田CFCは「次世代ネットスーパー」とうたっています。どこが「次世代」なのでしょうか。

顧客インターフェースやシステム、ハードウェア、さらには注文から配送までのオペレーションすべてがネットスーパー用に設計されている点が「次世代」となる。イオンネクストはこれらをゼロからつくり上げていく。

そのために、提携先の英オカドから包括的なソリューションの提供を受ける。施設内のロボットなどもオカド製のものを提供してもらう。オカドは英国でネットスーパー事業を20年間にわたって展開しており、そこで培った知見も学ばせてもらいたいと考えている。


――誉田CFCではどのような商品を扱う計画なのでしょうか。


主に食品への関心が高い消費者をターゲットとしており、ユニークな食品を取りそろえるつもりだ。食品以外の衣料品などについてもさまざまなカテゴリーを検討している。

設備上、5万点という数多くの品ぞろえが可能なので、消費者に気に入ってもらえるような独占商品やPB（プライベートブランド）なども提供していきたい。そうした商品が増えれば粗利の改善につながるからだ。

配送エリアには誉田CFCのある千葉県だけでなく東京都の一部も入る。その場合は中継拠点を何カ所か設置して、そこを経由して配送するシステムをつくる。鮮度の高い商品を配送できるよう自社配送や車両のカスタマイズなど、あらゆる選択肢を検討している。

日本でも通用する

――黒字化のカギは。

オンラインビジネスを取り巻く環境は、すさまじい勢いで変化しているが、まずはスケール（売り上げ規模）が必要だ。そのためには多様な商品の品ぞろえが求められる。ロボットやＡＩ（人工知能）による効率化や生産性の向上なども大きな要素となるだろう。

だが最も重要なのは、消費者のニーズをくみ取って、タイミングよく提供すること。それが実現できれば規模を得て、おのずと効率性、生産性も上がっていく。

イオンにとって誉田ＣＦＣは大きな投資だ。そのため、ＲＯＩ（投下資本利益率）

などの投資効率だけでなく、リスクについても検証を重ねている。

――日本市場の参入に失敗した海外小売企業は少なくありません。オカドのノウハウは日本で通用するのでしょうか。

自信はある。ただ一方で、われわれはゼロから事業を立ち上げるわけで、その難しさはあると考えている。

（聞き手・緒方欽一）

バラット・ルパーニ（Bharat Rupani）

米国と日本で小売り分野のＰＢビジネス関連企業やテック企業の要職を務めた後、２０１９年１２月から現職。

COLUMN　1品から送料無料で注文可能

独自の生鮮ECに挑むクックパッド

東京メトロ綾瀬駅から10分ほど歩いた所にある分譲マンション。夕方ともなると、住民たちがエレベーターで次々に降り、1階のエントランスに設置された2台の宅配ボックスにQRコードをかざし、肉や野菜を取り出していた。住民たちが利用しているのは、料理レシピサイト最大手のクックパッドが手がける「クックパッドマート」というサービスだ。

クックパッドマートは、2018年からスタートした生鮮食品版のEC（ネット通販）サービス。ユーザーがアプリで注文した生鮮食品を、共同の宅配ボックスで受け取ることができる。

アプリ上には、こだわりの商品がずらりと並ぶ。実家が農家だったり、食材に詳しかったりする社員が歩き回り情報収集することで、地域で有名な精肉店や鮮魚店などの商品や、農家直送の食材を取りそろえている。

価格も、スーパーで販売されている一般的な商品とグラム単価で比較すると格安だ。ネットスーパーでは300円程度の送料がかかったり、最低注文金額が設定されていたりするが、1品から注文でき送料も無料となっている。

それを可能にするのは、独自の物流システムだ。ネットスーパーは自宅への戸別配送が基本だが、クックパッドマートは生産者や店舗がパッキングして共同出荷所に納入した商品をまとめてピックアップする。それを流通拠点に設置した冷蔵庫にいったん集約した後、駅や店舗などに設置された「マートステーション」と呼ばれる宅配ボックスに効率的なルートで配送する「置き配」形式を取る。

委託する配送会社が集荷も配達も固定された場所を回るため、戸別配送と比べて格段に効率的でコストを削減することができるわけだ。

共働き世代に照準

既存のネットスーパーと一線を画したサービスを展開しているのには理由がある。クックパッドの福崎康平執行役JapanCEOは、「スーパーなどは在庫リスクや販売効率を重視し、ボリュームが確保できる商品を売りたがるが、消費者は希少性の高い商品を求めている」としたうえで、「ターゲットとしている共働き世帯は、好きなときに注文して受け取りたいというニーズが高い。そのためオンデマンド形式で、セキュリティーの高い手法を検討した結果、置き配サービスにたどり着いた」と語る。

現在、700事業者から数千アイテムの商品が出品され、550カ所以上のステーションで受け取ることができる。「さらに拡大し、食のプラットフォームにしたい」と福崎CEOは意気込む。

（田島靖久）

ユニクロ、ニトリ、アスクルが進める

小売業の「物流自前化」

「倉庫業及び倉庫管理業」「運送取次事業」――。ファストファッション大手のファーストリテイリングは2020年11月、定款の一部を変更し、こうした事業目的を追加した。「将来的に物流プラットフォーマーを目指そうとしているのではないか」。物流業界関係者の間では、その真意についての臆測がやまない。

ファストリは2014年から、「有明プロジェクト」と銘打ったサプライチェーン改革を進めている。「無駄なものをつくらない、運ばない、売らない」を目標に掲げるプロジェクトの中身は多岐にわたるが、中でも先行するのがEC（ネット通販）市場の急拡大による配送量の増加でオペレーションの効率化が急務となっている物流改革だ。

EC出荷拠点とオフィスの機能を合わせた有明本部兼倉庫（東京都江東区）が16年

に稼働。18年以降には大型物流システム（マテハン）大手のダイフクや無人ロボットのMUJINなどと提携し、倉庫内の作業をほぼ自動化した。

そのカギを握るのが、無線通信を利用して非接触で商品データを読み取る「RFIDタグ」を全商品に付けたことだ。タグには商品の製造時期やサイズ、価格など商品に関するすべての情報が埋め込んである。そうしたRFIDタグによる自動検品によって、倉庫内の人員は従来と比べ9割減った。

在庫情報を販売や製造現場とネットワークで直結すれば、アパレル業界の永遠の課題である過剰在庫や欠品を防止することにもつながる。

コンサルティング会社、ローランド・ベルガーの小野塚征志パートナーは「RFIDタグで無人化オペレーションを確立、プラットフォーム化できれば、ファストリが物流業に進出する可能性は大いにある。定款変更はその意思の表れではないか」と指摘する。

ニトリは物流を外販

今、デジタル投資による物流事業の自前化やプラットフォーム化を模索する小売企業が相次いでいる。主なものを次表にまとめたが、中でも注目すべきは家具大手のニトリホールディングスだ。

■ デジタル分野に各社重点投資

―小売り・卸の主な投資事例―

社名	内容
ファーストリテイリング UNIQLO	2019年11月に知能ロボットベンチャーのMUJINと組みピッキングロボットを開発。全世界の倉庫に導入し、庫内の自動化を加速
アスクル ASKUL	21年7月に最先端の基幹物流センターが竣工。21年度から、発注・保管・出荷業務の自動化・効率化に向けたデジタル改革に着手
ニトリホールディングス ニトリ	物流子会社のホームロジスティクスを通じ、配送や倉庫運営の自前化を推進。26年までの5年間で、物流部門に2000億円を投資の予定
MonotaRO モノタロウ	商品情報・受発注管理システムを22年初めに刷新。サプライヤーとの連携による商品検索の効率化や配送方法の最適化でコスト改善
トラスコ中山 TRUSCO	19年10月に物流ロボット「Butler（バトラー）」を導入。商品の棚入れやピッキング作業工程における省人化と保管効率向上を推進

（出所）各社の資料を基に本誌作成

同社は今後5年間で、物流関連の施設やシステムなどに2000億円を投資する計画。自前の物流センターを全国各地に建設し、デジタル技術によって在庫情報の一元管理を進める考えだ。

同社の物流子会社であるホームロジスティクスは、物流センターの運営や店舗への商品供給だけでなく、約150の中小運送業者と委託契約してラストワンマイル配送まで担う。

さらには、自社の物流プラットフォームを外部にも販売、EC事業者の物流・配送支援を行っている。現在、ホームロジの売り上げはグループ内取引が大半で外販は全体の5%程度。だが、将来的には30%まで拡大させる構えだ。

こうしたデジタル投資による改革は、物流にとどまらない。ファストリは21年4月、有明本部で倉庫として使っていた一部フロアに大型スタジオを新設して、EC商品の撮影を内製化した。

同じフロアに移転したEC担当チームと連携、EC商品の「ささげ（採寸・撮影・原稿作成）」作業を1カ所で完結するようにして、サイトにアップするまでの時間を大幅に圧縮したのだ。こうした取り組みも、商品企画から販売までのリードタイムを短縮して効率化を図る改革の一環だ。

アスクルが狙う全体最適

自動倉庫化やサプライチェーンをはじめとするＤＸ（デジタルトランスフォーメーション）改革で先頭を走るのが、オフィス通販大手のアスクルだ。倉庫の運営のみならず一部では配送も自前化しており、業界では「アマゾンの有力な対抗馬」とされる。仕入れから保管、配送まですべて自社で手がけるがゆえに、商品ごとの販売データや需要予測データはもちろん、商品の届け先などの配送データや倉庫の在庫データに至るまで、あらゆるものが社内に蓄積されている。

こうした膨大なデータを分析することでアスクルが目指すのが、仕入れから配送までの「全体最適化」だ。アスクルの宮澤典友執行役員最高ＤＸ責任者（ＣＤＸＯ）は「業務ごとの個別最適化では解消できなかった課題に一気通貫で対処していく」と意気込む。

具体的にはこんな話だ。需要予測に基づいて仕入れても、保管場所の在庫データと連携しないと非効率。これまでも注文を受けた近隣の倉庫に在庫がなく、遠方の倉庫から出荷しなければならないといったことがよくあった。

そこで、需要予測データや物流データなどを分析して、エリアごとの需要に適した在庫配置をはじき出し、効率的な出荷を目指そうというわけだ。

アスクルは今後5年間で、在庫商品数を現在の4倍（33万点）にまで拡大する計画で、より高度な在庫や倉庫の効率化が必須となる。「目指しているのは、商品ごとに物流コストを最適化すること。これまでデジタル投資によってさまざまな改革を進めてきたが、今後はさらにブラッシュアップしていきたい」と宮澤CDXOは語る。

やみくもにデジタル投資による物流の自前化を進めても、効率や生産性の向上は難しい。そういう意味で、全体最適化を目指すアスクルの取り組みから学べることは多い。

（岸本桂司、佃　陸生）

配送品質で戦う家電量販

関西地盤の中堅家電量販、上新電機が2021年6月、巨大な新物流センターを稼働させた。阪急阪神不動産などが開発した大阪・茨木市の大型物流施設を賃借したもので、倉庫面積は11・6万平方メートルにも及ぶ。狙いはずばり、EC（ネット通販）事業の拡大だ。

上新はこれまで府内3カ所に物流拠点を構え、約20年前に立ち上げた南港の施設（倉庫面積は約3・3万平方メートル）が店舗向けとEC出荷の両方を担う中核拠点だった。しかし、近年のEC販売拡大で出荷能力が限界に近づき、新たな拠点立ち上げの準備を進めていた。

既存の拠点は引き払い、来春までに店舗、EC向けとも物流機能を新センターに集約する。新センターの実際の運営業務は、三井倉庫グループの3PL（物流一括請負）会社に委託。最新鋭の作業機器の導入やITの活用などで業務も効率化し、「個数ベースで見たECの出荷能力を従来の2倍にまで高める」（上新の経営企画部）という。

家電量販業界ではEC売上比率がまだ数％にとどまる企業も複数あるが、上新は2020年度実績で16％と業界平均よりも高い。同社は家電以外にも鉄道模型やミニカーなどの玩具・ゲーム類の品ぞろえがとくに豊富で、ECに多くの購入者が集まっている。店舗立地の制約を受けないECを成長の牽引役と位置づけ、新物流センター立ち上げで拡大に向けた体制を整える。

自社配送広げるヨドバシ

幅広い世代で消費者のEC利用が広がる中、家電量販業界にとっても、EC事業の強化と物流機能の充実は大きな課題だ。では、そこでいかにしてアマゾンなどのEC専業や同業他社との差別化を図るか――。その1つの解として、独自の配送に取り組む企業も出始めている。代表例が業界大手、ヨドバシカメラだ。

これまで家電量販のラストワンマイルはヤマト運輸や佐川急便、日本郵便などの宅配業者が担い、設置業務を伴う大型家電は専門の運送業者を使うのが業界の常識だった。しかし、ヨドバシは16年に「ヨドバシエクストリーム」と名付けたEC自社配送を23区内で開始し、今では東京、神奈川、大阪、福岡など9都道府県にまで対象地域を拡大。ドライバーは自社で雇用しており、都内などでは毎日600台の専用車両(軽バンや3輪バイク)が走っている。

このヨドバシのエクストリームはさまざまな意味で画期的だ。購入金額に関係なく配達料は無料。しかも、基本的に夕方までに注文すれば商品が当日届く。注文当日の配送時間指定はできないが、ヨドバシ・ドット・コムで購入後、すぐに具体的な配送予定時刻を知らせるメールが届くため、ずっと家で荷物を待つ必要もない。

「(エクストリームの展開は)コストは当然かかるが、自分たちでやるからこそ、きめ細かなサービスができる。対象エリアをさらに広げつつ、もっと便利にしていく」。副社長時代にエクストリーム立ち上げの陣頭指揮を執り、20年夏に創業者から社長職を引き継いだ藤沢和則氏はそう話す。

ビックは運送会社買収

自社配送による差別化の動きはヨドバシだけに限らない。ビックカメラは18年に埼玉の運送会社、エスケーサービスを株式交換で買収した。エスケーは大型家電の配送・設置業務に強みを持ち、以前からビックの配送委託先の1社だった。買収後はビックの100%子会社として、EC・店舗で購入された大型家電の配送を都内や埼玉、神奈川で担っている。

設置作業を伴う洗濯機、冷蔵庫、大型テレビなどは金額が高く、一般家庭にとってその購入は大きなイベントでもある。「だからこそラストワンマイルの品質が重要だ」とビックの畑岳一郎・ロジスティクス本部副本部長は解説する。「設置を伴う配送はものすごく深い接点。配達員のあいさつや身なり、作業の印象が、お客さんの買い物の満足度に大きく影響する。エスケーを通じて大型家電の配送品質を高めたい」(畑氏）。

エスケーの現従業員数は約250人で、自社保有車両は105台（いずれも4月時点）。配送員の新規採用と教育・研修に力を入れながら徐々に配送エリアを広げており、21年秋には横浜の配送拠点を大幅に増強する。さらにエスケーは今後の配送能力やエリアの拡大に向け、同じ大型家電を扱う運送事業者との提携を検討中だ。

家電量販は典型的な過当競争業種といわれてきたが、新型コロナで状況は一変。巣ごもり需要により、郊外店で大型テレビや調理・白物家電などの販売が急増し、20年度は過去最高益を更新する企業が相次いだ。

が、こうした特需は買い替え需要の先食いにすぎず、コロナ終息後には大きな反動が避けられない。物流拠点の体制整備や配送の差別化などでEC事業をどこまで伸ばせるかが、コロナ後の生き残りの条件になりそうだ。

（渡辺清治）

「将来的にEC比率5割を目指す」

ヨドバシカメラ社長・藤沢和則

ＥＣで注文してくれた方にも、「お買い上げいただき、ありがとうございました」と届けるのが商売のあるべき姿。宅配業者にお願いすれば商品は届くが、本当にそれでいいのかと。自社配送のエクストリームを２０１６年から始めたのは、そういう思いが出発点だった。

まずは都内から始め、できる範囲で少しずつ対象エリアを広げてきた。札幌や仙台、福岡、京都、大阪といった都市でもすでに展開している。エクストリームが便利だから来店しなくなるなんてことはなくて、お客さんは自分の生活スタイルに合わせて、店舗とＥＣをうまく使い分けている。今のところ、いい相乗効果が出ている。

お客さんのニーズに応える形で日用品や食品・飲料、スポーツ・アウトドア用品などの品ぞろえも増やし、ヨドバシ・ドット・コムの取扱品目は800万点を超えた。これまで自社配送は軽貨物車で運べる商品に限っていたが、試験的に大型家電の配送も始めた。

エクストリームはまだ初期段階で、ここからもっと改善していく。これまではドライバーの知恵や努力で配送の効率を上げてきたが、今後はITも最大限に活用したい。お客さんにとっての使い勝手、利便性もさらによくして、サービスの質を上げていく。そのための新たな施策を今準備しているところだ。

EC売上高は5年前に初めて年間1000億円を突破し、その後も毎年伸びている。20年度はコロナで店舗の営業を一時自粛した影響もあり、全社売上高（7318億円）に占めるEC比率が3割を超えた。長期的には5割にまで高めたい。もちろん、店舗の売り上げも伸ばしたうえで、それを実現するのが大きな目標だ。（談）

店舗受け取りに振り切るワークマン

自前の物流倉庫や配送網を持つ小売りの巨人、アマゾンとどう戦うのか。高機能・低価格の作業服・アウトドアウェア販売を手がけるワークマンが選んだのは、自宅など指定住所まで商品を届ける宅配型のEC（ネット通販）を縮小し、店舗受け取りに振り切るという戦略だ。

ワークマンが自社サイトでECを開始したのは2013年4月。EC需要の取り込みを狙い、14年10月から楽天市場にも出店した。しかし、自社ECが大きく伸びたほか、ドライバー不足をきっかけに17年、ヤマト運輸など宅配大手が荷物の総量規制と運賃値上げに踏み切る「宅配クライシス」が発生。店舗に送料無料が原則義務づけられたことも負担となったようで、20年2月に楽天市場からは撤退した。ワークマンの土屋哲雄専務は、「楽天への出店には合理性がないと気づいた。ＥＣモールに店を出して宅配業者に依存することが、大きなリスクだと認識した」と振り返る。

店舗受け取りは7割

代わりに選んだのが、全国に９１９店舗（２１年7月末現在）もある店舗網の活用だった。オンライン注文した商品を店頭やドライブスルーなど自宅以外で受け取る「クリック＆コレクト」と呼ばれる手法にシフト。ワークマンのＥＣストアでは店舗受け取り（送料無料）と配送（合計金額1万円以上で送料無料）の２つの受け取り方法があるが、顧客が店舗受け取りを選ぶ割合は7割に及ぶ。

今後は「ワークマンプラス」「＃（ハッシュタグ）ワークマン女子」を中心に出店数を増やし、１０年間で全国に１５００店舗体制を構築する計画で、そのすべてを店舗受け取りに対応させる。宅配型のＥＣは徐々に縮小し、中期的には店舗受け取りを8割まで拡大させる計画だという。

店舗受け取りのメリットは、まずコストの安さにある。物流センターから日々、店舗に商品を供給するトラックにECの注文品を相乗りさせることで配送コストを抑えられる。経営規模が小さくアマゾンのように物流ネットワークを自前化するのが難しい企業でも、既存のアセットを使って事実上の送料無料が実現できるわけだ。

衣料品チェーンのしまむらのECでも、送料無料の店舗受け取りが主力になっている。20年10月にオープンした自社ECサイトで、店舗受け取りを利用する比率が9割に達した。21年9月以降は、サービス拡大に伴って全国に2000店以上あるグループ店舗すべてで受け取りが可能になる。

小売り各社が店舗受け取りに注力するのは、配送ECの代替手段としてだけでなく、実店舗への大きな集客手段にもなるからだ。通販物流の支援を行うイー・ロジットの角井亮一社長は「店舗受け取りを強化することで、店側は商品受け取り客の『ついで買い』が期待できる」と指摘する。実際にしまむらの場合、客がついで買いをする割合は5割にもなる。

店ですぐに受け取れるか

ワークマンでは、来店した一般客の6割程度はその後、店舗の固定客になり、顧客1人が生涯に支払う料金の総額であるLTV（顧客生涯価値）は平均40万円になるという。土屋専務は「ECを宅配型にすると（会社が重視する指標の）LTVが減ってしまう傾向にある。仮に宅配を望む客のほうが多くても、店舗受け取りに誘導していったほうがいい」と話す。

とはいえ実店舗を展開する小売り各社にとって、店舗受け取りが「対アマゾン」の万能薬になりうるわけではない。課題の1つが、ネットでの商品注文から商品受け取りまでのリードタイムだ。

ワークマンでは注文の翌日に必ずしも受け取れるわけではなく、客側から受取日の指定もできない。商品特性に違いがあるとはいえ、店舗に在庫がある場合は最短30分以内で商品を受け取れる家電量販店大手のヨドバシカメラなどのサービスとは大きな差がある。ワークマンでは現状、注文商品のほとんどを物流センターから発送しているため時間がかかっており、今後は在庫情報を一元化するなどして店舗在庫を割り当てる比率を高めていくという。

対応する店舗数も大きな壁になる。ヨドバシカメラでは23店全店のほか、石井スポーツやアートスポーツでも受け取りに対応している。多店舗展開が定石であり、都心部や駅近くなど便利な立地であるかも重要となる。

配送速度で勝るアマゾンと戦うには、商品の独自性も必要となるだろう。ワークマンは22年2月にEC専売のプライベートブランド商品を発売予定で、数年後には年商100億円を目指す。アウトドア用品を中心とした低価格・高機能な商品で差をつける考えだ。

客がわざわざ出向くには店舗自体の魅力も欠かせない。独自商品を含めた買い物の楽しさをいかに演出できるかも肝要だ。

アマゾンといかに土俵をずらし、戦えるか。ワークマンの挑戦に小売り各社の視線が集まっている。

（山﨑理子）

INTERVIEW　インスタとの相乗効果も研究

「来店でファンになってもらう」

ワークマン専務取締役・土屋哲雄

――ＥＣ販売で店舗受け取りに力を入れる理由は。

実店舗の来店客が固定化するのを見込んでいるためだ。一度店に来てくれれば、作業服を買う職人では９割、一般客も６割が固定客になる。

もう１つはコスト面。現在ＥＣ事業のために外部の物流センターを借りて在庫のほとんどを割り当てているが、いちばん効率的なやり方は店舗在庫をＥＣにも割り当てることだ。在庫一元化システムも開発中なので、今後は借りているＥＣ専用倉庫を縮小して経費削減につなげたい。

――店舗受け取りの利便性を高めるために、都心への出店も考えているのでしょうか。

共働きが多いのだろうが、都心の店舗ではECの受取率が非常に高く、やはり都心部に店舗がないといけない。今はターミナル駅近辺への進出を広げているが、家賃が高いので慎重に交渉している。将来的には、ターミナル駅近くにある都心のショッピングセンターに最大で30店舗を出店するつもりだ。

――EC売り上げの目標は。

来期はECの売り上げが40億～45億円、そのうちネット専売品で30億円が目標。ただ主体はフランチャイズなので、加盟店の売り上げを増やすためにも、受け取り店舗の売り上げになるクリック&コレクトはとても大事だ。

販促費をかけないレピュテーションマーケティング（SNSなどでの情報拡散）にも力を入れている。インスタグラムなどのSNSへの投稿率もつねにウォッチしている。店舗で商品を受け取ったお客さんのほうが自然と投稿率が高くなる傾向もある。

レピュテーションマーケティングの面からするとネットで注文して店に来てもらい、

ブランドのファンになってもらう効果は絶大だ。

土屋哲雄（つちや・てつお）
1952年生まれ。東京大学経済学部卒業。三井物産を経て2012年4月ワークマン常勤顧問就任、19年から現職。

開発相次ぐ

巨大物流施設　なだれ込む世界のマネー

2021年8月、千葉県の常磐自動車道の流山インターチェンジでは、大型トラックが長蛇の列を成していた。料金所を通過するだけで15分以上かかり、高速道路に入っても30分以上動かないといったありさまだった。

のどかな田園地帯にもかかわらず、なぜそれだけ多くの大型トラックが列を成すのか。その答えは、インター近くにいくつも開発されている巨大な物流施設にある。

シンガポール政府投資公社が設立したことで知られる物流施設運営大手・日本GLPの3棟をはじめ、大和ハウス工業のDPLなど、巨大な物流施設が5棟、満床で稼働中。さらにGLPは現在、新たな施設を5棟建設中で、8棟合計の総延べ床面積は約90万平方メートル（東京ドーム約19個分）となり、国内最大級の物流センターが流山に誕生する予定なのだ。

　こうした地域は流山だけではない。首都圏だけでも千葉、埼玉、神奈川各県の外環道エリアや国道１６号エリア、圏央道エリアで物流施設の開発が相次いでいるほか、名古屋や大阪などでも大規模開発が進む。

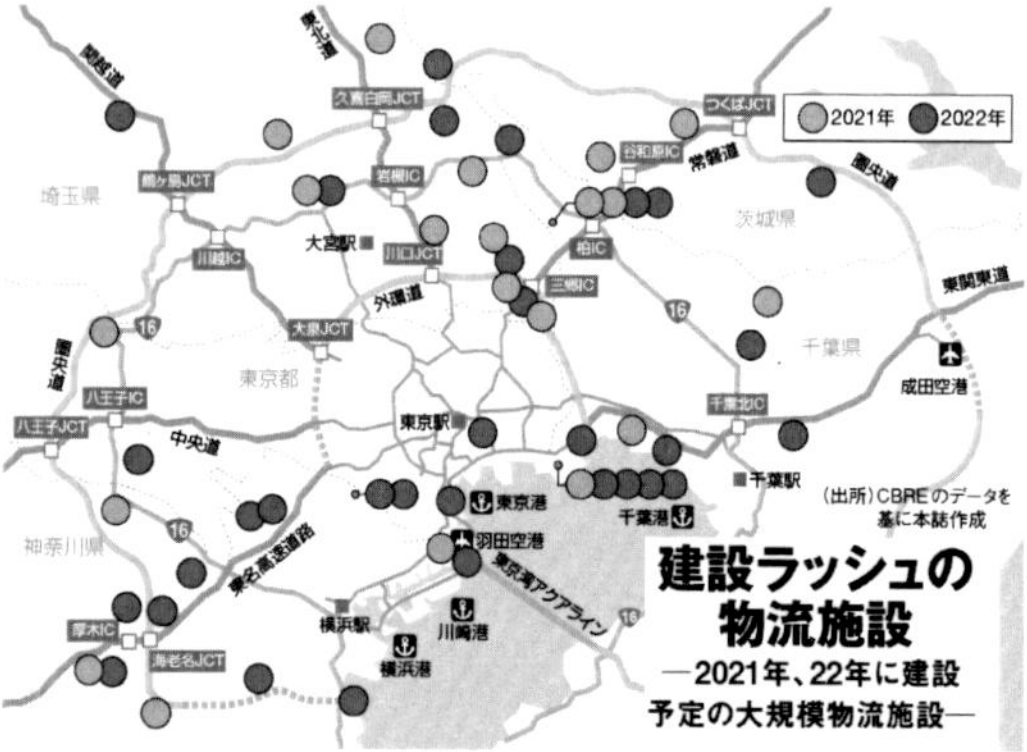

（出所）CBREのデータを基に本誌作成

建設ラッシュの物流施設
—2021年、22年に建設予定の大規模物流施設—

その結果、開発用地の確保も激しさを増している。「市街化調整区域や農地などを転用したり、山林を切り開いたりして対応しているデベロッパーも少なくない」（物流施設関係者）というほどだ。

不動産サービス大手ＣＢＲＥの調べによれば、複数のテナントが入居する大型マルチテナント型施設の新規供給量は２０２１年に約２１１万平方メートル、２２年には約２９３万平方メートルに上って過去最大を大幅に更新する見込み。まさに建設ラッシュだ。

背景としては、これまで見てきたようなＥＣ（ネット通販）市場の拡大が大きい。ある物流施設関係者によれば「建設を発表した段階で、物流企業のみならずＥＣ事業を手がける企業など複数の手が挙がり、瞬間蒸発的に入居者が決まる。中には、計画段階で契約者が決まってしまうケースも少なくない」という。

物流施設がオフィス抜く

長引く超低金利政策に加え、新型コロナウイルス対策でじゃぶじゃぶになった世界の投資マネーも、日本の不動産市場になだれ込んでいる。日本は、新型コロナの感染者数が比較的抑制されているとみられているほか、不動産の利回りが相対的に高いためだ。

ＣＢＲＥによると、日本国内の不動産に対する２０年の投資額は、前年比５・２％増加の３兆８４００億円。日本の投資家は新型コロナによる様子見姿勢で停滞したものの、海外の投資家からの投資額は前年に比べて３０％増加し、２年連続で１兆円を超えたという。

こうしたマネーが今、物流施設に向かっている。これは投資対象別の投資状況だ。

■ 物流施設がオフィスを抜く
―投資対象別投資状況―

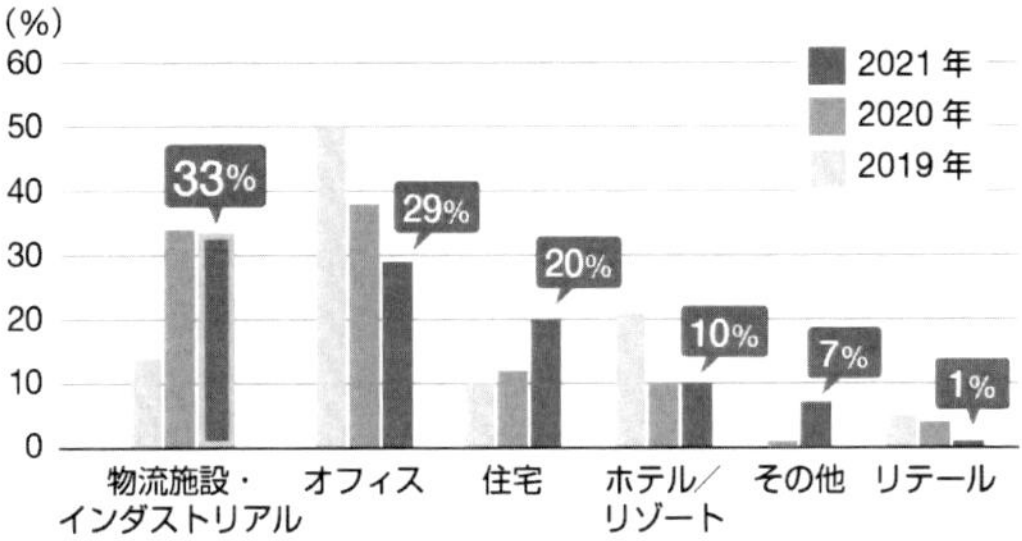

(出所)CBRE「Japan Investor Intentions Survey 2021」

コロナ前まで不動産投資といえばオフィスが断トツで、ホテル、物流施設、住宅と続いていたが、21年に物流施設がオフィスを抜いてトップに立った。

「新型コロナでインバウンド需要が消失、外出自粛で消費が落ち込んだこともあり、ホテルや商業施設に対する投資が冷え込んだ。オフィスについても中長期的な需要の見通しに不透明感が漂っている。そのためより安定した収益を期待する投資家たちが、ECの拡大で成長を続ける物流施設に向かっている」とCBREの高橋加寿子リサーチシニアディレクターは指摘する。

その結果、投資物件の収益性を評価するキャップレート（収益還元率）は低下の一途。これまで4％台が一般的だったが、ここ最近は3％台まで低下しているケースが相次いでいるという。

「それだけ不動産価格が上昇しているということだが、安定的なリターンが得られるなら多少利回りが低くても投資する、という投資家が増えている」と不動産ファンド関係者は口をそろえる。

電力会社も投資に参入

その1つが電力会社だ。2020年11月、九州電力はグループで初めて、物流施設を投資対象とする私募ファンドへの出資を決めた。川崎市の冷凍冷蔵倉庫を取得するファンドへ出資するという。

電力会社といえば安定志向が強く、リスクの高い運用とは程遠いイメージがあるが、「物流施設であればリスクは小さいと判断したもよう」（不動産ファンド幹部）。関西電力なども物流施設への投資を積極化させており、「インフラ企業まで参入し始めたということは、物流施設への投資がヒートアップしていることの表れ」（同）だという。

それだけではない。ファンドによる投資のため表には出ていないが、「欧米の年金マネーや中東のオイルマネーなど世界中の投資家がファンドの出資者となって、間接的に日本の物流施設に投資している」と金融関係者は解説する。つまり、投資家の裾野も急拡大しているというわけだ。

このように熱を帯びる物流施設だが、一部で「バブルではないか」との見方も出ている。しかし、空室率は当面の間２％前後と低水準、新規供給される施設の大半でテナントが内定するなど需要の高まりも収まりそうにない。
「需給のバランスは取れており、今後しばらくは成長を続けていくだろう」（金融関係者）との見方がもっぱらだ。

（田島靖久）

〔エピローグ〕

「アマゾン化」した世界に待っているもの

「アマゾン独占禁止のパラドックス（Amazon's Antitrust Paradox）」。2017年に米イェール大学法科大学院の学術誌で発表されたこの論文は、日に日に支配力を高めるアマゾンに対する社会の見方を一変させた。

21世紀における商業界の巨人がなぜ、反トラスト法（独占禁止法）の網をくぐり抜けたのか。その点についてこの論文は、既存の法的枠組みが「価格の安さなど消費者の利益にとらわれすぎているからだ」と指摘した。自ら商品を仕入れて出店者も募るプラットフォーム型ビジネスは、利益より成長することが投資家から評価されるため、仮に不当な廉売があってもとがめを受けにくいからだ。

アマゾンはプラットフォーム上で自らルールをつくり運営しているため、ライバルを弱体化させることもできるという。実際に20年4月には、アマゾンが出店事業者のデータを活用し、その事業者と競合するプライベートブランド（PB）商品を開発していたことが米国で報じられている。

現在の法令や政策には、そうした競争排除を取り締まる視点が欠けている。そのため論文では、独占禁止と競争政策について「従来の原則を取り戻すべき」という主張が繰り広げられているのだ。

執筆者は、当時同法科大学院の学生だったリナ・カーン氏。21年6月、史上最年少の32歳で米連邦取引委員会（FTC）の委員長になった人物だ。アマゾン批判の急先鋒として知られるカーン氏に対しては、アマゾンに加えフェイスブックも独禁法の調査から除外するよう嘆願書を提出している。彼女は今、アマゾンをはじめGAFAと呼ばれる巨大IT企業が最も恐れる存在だ。

進む競合相手の排除

そうした中でもアマゾンの市場支配力は、コロナ禍を経てよりいっそう突出している。

21年のEC事業売り上げは40兆円を超え、2位のウォルマートと6倍近くの開きがある。北米のマーケットシェアは4割を超え、他を寄せ付けない。日本でも売り上げは「ユニクロ」のファーストリテイリングを抜き、残る相手はイオンとセブン&アイ・ホールディングスだけだ。

アマゾン1択になりつつある

―北米市場のEC売り上げ（2021年予測）―

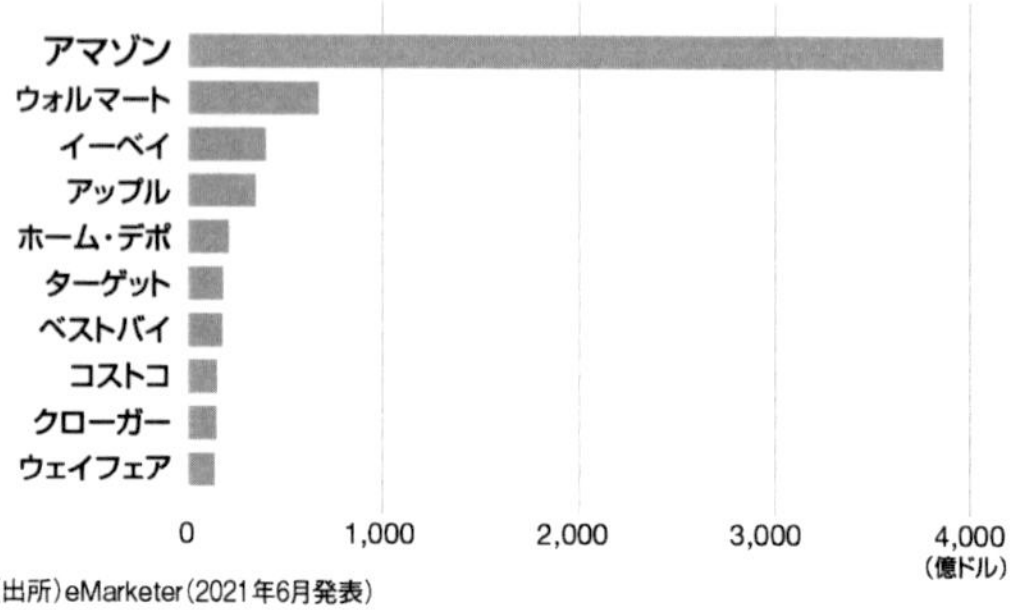

（出所）eMarketer（2021年6月発表）

ファーストリテイリングをしのぐ

―日本の小売り大手売り上げランキング（2020年度）―

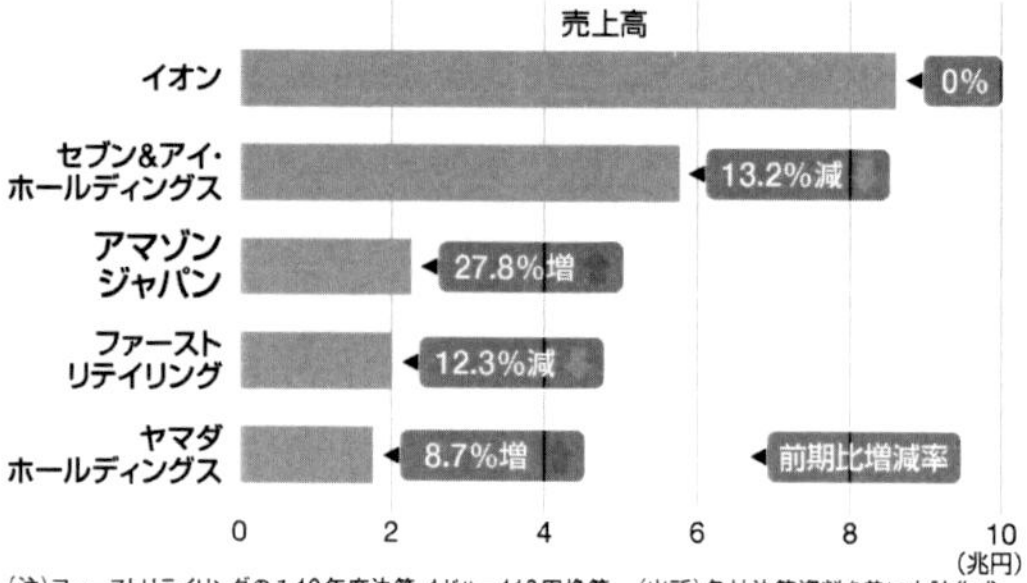

（注）ファーストリテイリングのみ19年度決算。1ドル=110円換算　（出所）各社決算資料を基に本誌作成

このままアマゾンによる市場の独占が進むとどうなるのか。一義的にはカーン氏が指摘するように商品価格は安くなり、利便性も高まって、消費者の利益になるだろう。株価が上昇することで、投資家からも感謝されるはずだ。

ただ、見過ごせないのは不健全な競争環境だ。米下院反トラスト小委員会の報告書によれば、アマゾンなど巨大ＩＴ企業の支配力が高まることにより、米国のハイテク分野に占めるスタートアップ・新興企業数の比率は約３０年で６０％から３８％に低下した。

物流会社との間では、もうプレーヤーの排除が始まっている。本誌で触れてきたようにアマゾンは物流の自前化を進め、日本ではヤマト運輸など宅配大手が翻弄され、業績悪化が懸念されている。

米国では、アマゾンが自ら運ぶ荷物の数は２０年には米国のフェデックスと、２２年にはＵＰＳとほぼ同じ規模になると試算されている。アマゾンの荷物１個当たりの単価は３・５～４ドル、ＵＰＳとフェデックスは１０～１２ドルとされているので、「アマゾン物流」のほうが圧倒的に安い。この動きが日本でも進めば、ヤマトなど大手宅配会社は淘汰されかねない。

将来的には、消費者への影響も懸念される。アマゾンによる小売りや物流市場の寡占化が進めば、アマゾンにとって潜在的な脅威はなくなる。そうなれば消費者の選択肢はなくなり、いつでも値上げできるようになってしまう。

実際に米国では8月から、傘下のホールフーズ・マーケットのECで、9・95ドルの配送料を徴収するようになった。日本でも有料会員制サービス「アマゾンプライム」を、19年4月に税込み年3900円から4900円に約25%値上げしているが、この先さらなる値上げもありうる。

従業員にも負の影響

アマゾンに関わる仕事に従事する人々も、独占や巨大化に伴う負の影響を受ける可能性がある。

トイレに行く時間もなく、車内でボトルに小便をしている——。アマゾンから配送を請け負うドライバーは過酷な配送ノルマを課され、米国ではその労働環境が問題視されている。21年4月には米アラバマ州の物流施設で、賃金や待遇をめぐり労働組合結成の是非を問う従業員投票が行われた（反対多数で否決後、異議申し立て中）。アマゾンの従業員は20年末時点で世界では約130万人、日本でも約1万人。その他ドライバーや倉庫従業員も含めると、膨大な関係者がアマゾンという巨大権力の下に置かれている。

世界がアマゾン一色になってもいいのか。われわれに問いが突きつけられている。

（二階堂遼馬）

【週刊東洋経済】

本書は、東洋経済新報社『週刊東洋経済』2021年8月28日号より抜粋、加筆修正のうえ制作しています。この記事が完全収録された底本をはじめ、雑誌バックナンバーは小社ホームページからもお求めいただけます。

小社では、『週刊東洋経済eビジネス新書』シリーズをはじめ、このほかにも多数の電子書籍ラインナップをそろえております。ぜひストアにて「東洋経済」で検索してみてください。

『週刊東洋経済eビジネス新書』シリーズ

No.363　弁護士業界　最前線

No.364　YouTubeの極意

No.365　デジタル大国　中国

No.366　地銀　大再編

No.367　おうちで稼ぐ!

No.368　老後マネーの育て方
No.369　製薬　大リストラ
No.370　リスクシナリオ　2021
No.371　富裕層マル秘マネー学
No.372　コロナ時代の新住宅事情
No.373　日立・三菱重工の岐路
No.374　脱炭素サバイバル
No.375　郵政崩壊
No.376　脱・ストレスの処方箋
No.377　働き方と経営の法律
No.378　コロナ倒産危機
No.379　車載半導体　争奪戦
No.380　マルクス　vs．ケインズ
No.381　医療テック最前線

No.382　漂流する東芝
No.383　不動産投資　光と影
No.384　コンサル全解明
No.385　大転換の商社ビジネス
No.386　会社とジェンダー
No.387　全解明　経済安全保障
No.388　ソニー　掛け算の経営
No.389　２０５０年の中国〔前編〕
No.390　２０５０年の中国〔後編〕
No.391　相続の新常識
No.392　無敵の文章術

週刊東洋経済eビジネス新書　No.393
物流　頂上決戦

【本誌（底本）】
編集局　二階堂遼馬、佃　陸生、中川雅博、田島靖久、緒方欽一
デザイン　熊谷直美、杉山未記、伊藤佳奈
進行管理　下村　恵
発行日　2021年8月28日

【電子版】
編集制作　塚田由紀夫、長谷川　隆
デザイン　大村善久
制作協力　丸井工文社
発行日　2022年6月9日　Ver.1

発行所　〒103-8345
東京都中央区日本橋本石町1-2-1
東洋経済新報社
電話　東洋経済コールセンター
03（6386）1040
https://toyokeizai.net/
発行人　駒橋憲一

電子書籍化に際しては、仕様上の都合などにより適宜編集を加えています。登場人物に関する情報、価格、為替レートなどは、特に記載のない限り底本編集当時のものです。一部の漢字を簡易慣用字体やかなで表記している場合があります。本書は縦書きでレイアウトしています。ご覧になる機種により表示に差が生じることがあります。

本書に掲載している記事、写真、図表、データ等は、著作権法や不正競争防止法をはじめとする各種法律で保護されています。当社の許諾を得ることなく、本誌の全部または一部を、複製、翻案、公衆送信する等の利用はできません。

もしこれらに違反した場合、たとえそれが軽微な利用であったとしても、当社の利益を不当に害する行為として損害賠償その他の法的措置を講ずることがありますのでご注意ください。本誌の利用をご希望の場合は、事前に当社（TEL：03-6386-1040もしくは当社ホームページの「転載申請入力フォーム」）までお問い合わせください。

※本刊行物は、電子書籍版に基づいてプリントオンデマンド版として作成されたものです。